Kinder glauben
praktisch | 6

Erde,
Himmel, Gott
und ich

Vandenhoeck & Ruprecht

Barbara Gleitz

Erde, Himmel, Gott und ich

Philosophieren mit Kindern

Für alle,
die sich ihr Staunen bewahrt haben

Bibliografische Information Der Deutschen Bibliothek

Die Deutsche Bibliothek verzeichnet diese Publikation in der Deutschen Nationalbilbliografie; detaillierte bibliografische Daten sind im Internet über <http://dnb.ddb.de> abrufbar.

ISBN 3-525-61536-1

Mit 33 Abbildungen.

© 2004, Vandenhoeck & Ruprecht in Göttingen
Internet: www.v-r.de
Grafische Gesamtkonzeption: Rudolf Stöbener, Göttingen
Satz: Weckner Fotosatz GmbH I media+print, Göttingen
Druck und Bindung: PROOST, International Book Production, Turnhout, Belgium.

Inhalt

Vorab

Liebe Leserin, lieber Leser, Sie sind im Begriff, sich auf ein spannendes Abenteuer einzulassen! Denn es gibt wenig, das so aufregend sein kann wie gute Gespräche mit Kindern.

Für die kulturelle Entwicklung in der Wissensgesellschaft von heute werden vor allem Ideen gebraucht. Wer eigene Ideen formulieren will, muss sich dies zutrauen und auch die Gelegenheit haben, es zu üben. Selbstvertrauen, Verstand und Vernunft sind wichtige Voraussetzungen dafür. Es gilt, das Subjektive, das Eigene in unseren Kindern pädagogisch zu fördern. Voraussetzung dafür sind Mitwirkung und Mitbestimmung, Gleichberechtigung und Selbstverantwortung unserer Kinder bezüglich ihrer Lern- und Bildungsprozesse. In philosophischen Gesprächen mit unseren Kindern ermöglichen wir ihnen, ihre Ideen zu formulieren, Fragen nach Gott und der Welt zu stellen, Zweifel auszudrücken und nach Orientierung zu suchen.

Ich möchte Ihnen Mut machen, sich mit Ihrer Kindergruppe auf den erlebnisreichen Weg guter Gespräche einzulassen, die deshalb gut sind, weil sie die tiefen Fragen des Lebens berühren und weil sie alle Beteiligten lernen lassen.

Sie können dieses Buch der Reihe nach Kapitel für Kapitel lesen, sie können aber auch „springen". Ans Herz legen möchte ich Ihnen aber auf jeden Fall Kapitel zwei, denn dort erläutere ich, welches Menschenbild meinen Überlegungen zu Grunde liegt. Wenn Sie mit mir in Bezug auf dieses Menschenbild übereinstimmen, werden Sie sich durch dieses Buch sicher bestätigt und für Ihre philosophische Arbeit in Ihrer Kindergruppe angeregt fühlen. Wenn Sie eine ganz andere Vorstellung vom Wesen des Menschen haben als ich, kann dieses Buch Sie zur Nachdenklichkeit anregen.

Bereits in die hinführenden Kapitel habe ich „Praxisbeispiele" eingestreut – Protokolle von philosophischen Gesprächen mit Kindergartenkindern. Sie sollen die Vorfreude schüren und Ihnen eine Idee davon geben, wohin der Weg führt. Wie man solche Gespräche plant, anregt und begleitet, erfahren Sie im Lauf des Buches. *Aber bitte beachten Sie:* Gerade diese Gespräche werden Sie nicht führen, sondern ganz andere! Denn es gibt hier weder Muster, die man schlicht kopieren könnte, noch ein „richtiges" oder „falsches" Ergebnis. Jedes Gespräch ist ein Abenteuer, eine Entdeckungsreise – und wer weiß schon im voraus, ob er einem Fuchs begegnet, einen Schmetterling fängt oder eine wunderschöne Muschel findet?

Zu Dank bin ich meinem Hochschullehrer Herrn Prof. Dr. Karlheinz Biller verpflichtet, der mich während meines erziehungswissenschaftlichen Studiums an der Kieler Universität in Logotherapie und Existenzanalyse unterrichtet und auf das Thema der Kinderphilosophie hingewiesen hat. Mein Dank gilt auch Frau Jasmin Mörmel, die meinen

Schaffensprozess mit konstruktiver Kritik begleitet hat und natürlich den Kindern, die sich bereitwillig der Kamera gestellt haben, sowie meiner Familie, die etliche Sonntagnachmittage auf mich verzichten musste. Meine Tochter Janne-Marike hat überdies den Zeichnungen für dieses Buch einige freie Zeit geopfert.

Erlauben Sie mir noch einen kurzen Hinweis, bevor wir in die Thematik einsteigen: Ich verwende das generische Maskulinum immer dann, wenn geschlechtsneutrale Personenbezeichnungen nicht möglich sind oder die Textverständlichkeit leiden würde. In allen diesen Fällen, in denen nur die männliche Form gebraucht wird, ist das weibliche Geschlecht stets mitgedacht. Grundsätzlich gilt: Ich spreche in meinem Text weder explizit Männer noch Frauen an, sondern *Menschen*.

Yannik

1 | Philosophieren – was ist das?

Praxisbeispiel: Was ist hinter dem Himmel?

Gespräch in einem Lübecker Kindergarten, im Juni 2004.
Verfasserin B. und sieben Kinder

K: Der Himmel ist nirgendwo zu Ende, der geht immer weiter.

J: Der ist durch den Urknall entstanden.

A: Den Himmel gab es schon immer, der war schon da, als die Menschen noch in der Steinzeit gelebt haben, und sogar schon, als die Menschen noch Affen waren!

B: Aber was kommt hinter dem Himmel? Was ist hinter den Sternen?

J: Immer noch mehr Himmel und immer noch mehr Sterne.

L: Wenn man ganz tief drin ist im Himmel, dann kommt der Weihnachtsmann und die Engel. Die sind im Himmel und gucken runter, was die Kinder Gutes und Böses tun und schreiben das dann auf. Obwohl das komisch ist, weil der Weihnachtsmann doch eigentlich in Schweden wohnt, wo Schnee ist. Ich weiß das auch nicht so genau …

M: Der Himmel ist so um die Erde drumgenäht.

K: Ja, muss der auch. Weißt du (blickt zu mir), dass auf der Erde überall ganz viele Menschen wohnen?

B: Ja …

K: Deshalb muss der Himmel auch überall sein. Denn wenn man in Afrika ist, dann ist da auch Himmel. Die Menschen müssen da ja auch atmen können.

J: Hinter dem Himmel ist das Universum.

B: Wenn ihr mit einem Raumschiff zu einem fernen Stern reisen würdet, was könntet ihr sehen?

S: Die Erde.

M: Und Wolken.

J: Der Himmel ist überall.

Janne-Marike

9

„Philosophie" – dieses Wort ist umgeben von einem Hauch, es atmet Unnahbarkeit, ein Schweben zwischen Himmel und Erde. Was bedeutet das Wort „Philosophie" eigentlich?

Das Wort „Philosophie" stammt aus dem Griechischen und setzt sich aus zwei Teilen zusammen: *philos*, der Freund, und *sophia*, die Weisheit, das Wissen. Demnach kann die Philosophie als die Liebe zum Wissen und der Philosoph als der Freund des Wissens und der Weisheit verstanden werden. Das Bemerkenswerte ist aber, dass der Philosoph dieses Wissen nicht schon besitzt, sondern sich erst einmal darum bemühen muss. Deshalb stellt er sich Fragen, die scheinbar recht einfach sind und hauptsächlich mit dem Buchstaben „W" beginnen: Wie? Was? Wozu? Woher? Wohin? Warum? Wer? Selbstverständlich gibt es auch Philosophinnen.

Die Philosophie wird manchmal als Wissenschaft bezeichnet, weil sie sich bei der Untersuchung ihrer Fragen und Probleme wissenschaftlicher Methoden bedient. Manchmal wird sie aber auch als Kunst bezeichnet.

Und daher ist Philosophie nichts für Leute wie „du und ich". Oder vielleicht doch? Schließlich befasst sich die Philosophie des Abendlandes, auf die sich dieses Buch beschränken will, seit mehr als zweitausend Jahren mit den brennenden Fragen der Menschheit, den Fragen, die alle Menschen betreffen und die alle Menschen etwas angehen. Zum Beispiel mit der Frage, warum wir leben, oder mit der Frage, was der Mensch ist.

Hauke-Hendrik

Was die Philosophie so aufregend macht, ist ihr direkter und unmittelbarer Bezug zum pulsierenden Leben. Denn die Philosophie beschränkt sich nicht auf die Darstellung der Philosophie-Geschichte und auf die „großen" Themen. Es gibt kaum einen Bereich in unserem Leben, über den sich nicht philosophieren ließe. Deshalb ist die Philosophie für alle Menschen da. Jeder denkende und fragende Mensch kann philosophieren, auch Sie und die Kinder in Ihrer Gruppe! Es bedarf jedoch gewisser Voraussetzungen, die Ihre Kinder gewiss mitbringen, Sie selbst vielleicht bei sich wiederentdecken müssen: Unerlässlich sind Neugier, ein gesunder Zweifel an allem, was scheinbar „gewiss" ist, und die Fähigkeit, zu staunen. Nun, ich meine, diese Eigenschaften, die den Menschen auszeichnen, sind es allemal wert, wieder entdeckt und aktiviert zu werden!

Durch das Philosophieren, also das Nachdenken über die Fragen des Lebens, eröffnen sich Ihnen neue Sichtweisen und Horizonte, Ihre Fähigkeit zum Vergleich und zur Bewertung wird trainiert, Einstellungen können gefunden und begründet werden, die Eigenständigkeit im Denken und Handeln wird ebenso wie die Kritikfähigkeit gebildet. Damit ließe sich festhalten: Die Beschäftigung mit der Philosophie trägt zur Allgemein- und Persönlichkeitsbildung bei. Und sie ist ein gutes Mittel gegen den zunehmend ungesunden Zeitgeist, in dem schnelles Reden, flüchtige Informationen und oberflächliches Zuhören immer mehr Raum einnehmen. Das Philosophieren in der Gesprächs- und Denkgemeinschaft – sei es mit Kindern oder Erwachsenen – sorgt für eine Entschleunigung unserer Kommunikationsgewohnheiten. Schnelles Reden wird verlangsamt, damit die Gedanken klar gefasst werden und alle anderen sie verstehen können. Flüchtige Informationen weichen tiefgehenden und begründeten Argumenten, oberflächliches Zuhören und Belanglosigkeiten haben keine Chance, denn sie bringen das Gespräch auf der Suche nach Wahrheit und Erkenntnis nicht weiter. Dass die Menschen aber gerade danach streben, möchte ich Ihnen im folgenden Kapitel, in dem es auch um das in diesem Buch vertretene Menschenbild gehen soll, verdeutlichen.

2 | Warum mit Kindern philosophieren?

Praxisbeispiel: Kann die Uhr auch rückwärts gehen?

Gespräch in einem Lübecker Kindergarten, im Juni 2004.
Verfasserin B. und acht Kinder

M: Wenn die Zeit rückwärts läuft, dann sind wir ja alle wieder Babys!

J: Und du auch (blickt zu mir)!

L: Und dann sind wir alle wieder im Bauch.

A: Und deine Mutter ist auch wieder Baby (blickt zu mir).

H: Ist deine Mutter schon tot?

B: Ja.

H: Die ersteht dann wieder auf.

N: Alle anderen Toten auch.

H: Das ist klar.

J: Wenn die Uhr rückwärts läuft, dann machen das die Gespenster.

S: Und Gott lebt dann auch wieder.

B: Ist Gott denn tot?

S: Ja, der ist doch im Himmel. Die anderen, die tot sind, sind da doch auch!

K: Und der hat doch ein Holzkreuz gehabt und aus so Gestrüpp was auf dem Kopf, wie heißt das noch? Der ist doch gestorben damals.

L: Das war doch nicht Gott, der hieß doch ganz anders.

J: Ich weiß!

K: Ja, ich auch, das hat Mama mir erzählt. Der hieß Jesus.

H: Aber der wohnt jetzt auch im Himmel bei Gott.

Montaigne, der französische Schriftsteller und Philosoph des Späthumanismus, der besonders durch seine persönlichen Reflexionen und Gedanken über verschiedene Zeit- und Lebensfragen in der Auseinandersetzung mit der Antike berühmt geworden ist, hob hervor, dass das Gespräch die nützlichste und natürlichste Übung unseres Geistes sei. Er dachte dabei allerdings nicht an belanglose Gespräche, die „zum einen Ohr rein, zum anderen wieder raus gehen", wie wir umgangssprachlich sagen. Es sind vielmehr die Gespräche, die sich aus den existenziellen Fragen unserer Kinder ergeben, die ihren und unseren Geist schärfen können. Dazu gehören auch die großen Fragen nach Gott und dem Urerlebnis der Begegnung mit dem eigenen Ich. So finden wir folgende Worte bei Augustinus (Confessiones, zehntes Buch, sechstes Kapitel):

> Ohne allen Zweifel, in voller, klarer Gewissheit sage ich, Herr: Ich liebe dich. Du hast mein Herz mit deinem Wort getroffen, da hab ich dich lieb gewonnen. Auch Himmel und Erde und alles, was darinnen ist, siehe, es ruft mir zu von allen Seiten, dass ich dich lieben soll. (…) Aber was liebe ich, wenn ich dich liebe? Was aber ist das? Ich fragte die Erde, und sie sprach: Ich bin's nicht. Alles, was auf ihr ist, bekannte dasselbe. Ich fragte das Meer und seine Abgründe und das Gewürm, das in ihm lebt, und sie antworteten: Nicht wir sind dein Gott, suche höher, über uns! Ich fragte die säuselnden Winde, und das ganze Reich der Luft mit all seinen Bewohnern gab zur Antwort: Anaximenes (griechischer Naturphilosoph) irrt sich, ich bin nicht Gott. Ich fragte den Himmel, die Sonne, den Mond und die Sterne, und sie sagten: Auch wir sind's nicht, der Gott, den du suchst. Und ich sprach zu allem, was da draußen vor den Türen meines Fleisches steht: So sagt mir doch von meinem Gott, wenn ihr's denn nicht seid, sagt mir etwas von ihm. Sie aber riefen mit gewaltiger Stimme: Er hat uns geschaffen! Meine Frage aber, das war meine Betrachtung, und ihre Antwort war ihre Schönheit. Nun wandte ich mich zu mir selbst und sprach zu mir: Wer bist denn du? Ich antwortete: Ein Mensch. (…) Rundum die ganze Welt hab ich so gefragt nach meinem Gott, und sie gab mir zur Antwort: Nicht ich bin's, aber er hat mich geschaffen.

Diese Fragen entspringen einem tiefen Nachdenken und bekunden die beginnende Reflexivität bei unseren Kindern. Kinder, die auch in ihrem Alltag kaum sprachliche Anregung erfahren, weil mit ihnen wenig geredet wird und ihre Fragen unbeantwortet bleiben, sind in ihrer allgemeinen geistigen, emotionalen und natürlich auch sprachlichen Entwicklung gefährdet. Die sprachliche Kultur in der Umgebung des Kindes prägt seine Gedanken, Gefühle, Einstellungen und Haltungen in entscheidendem Maße. Kinder sind darauf angewiesen, dass ihre Fragen nach Gott und der Welt nicht unbeantwortet bleiben. Häufig sind diese
14 Fragen mit metaphysischen Ängsten verbunden, die in der vertrauten

Geborgenheit des Gesprächs gemildert werden können. Womit wir Erwachsenen aber immer rechnen müssen: Die Fragen unserer Kinder konfrontieren uns unter Umständen mit eigenen ungelösten weltanschaulichen, religiösen oder moralischen Problemen. Und auf viele Fragen gibt es auch keine eindeutige Antwort. Aber die Erfahrung zu machen, dass auf die fundamentalen Fragen mehrere Antworten denkbar sind und sich begründen lassen und Menschen unterschiedlicher Ansicht sein können, nimmt Kindern – und auch Erwachsenen – eine

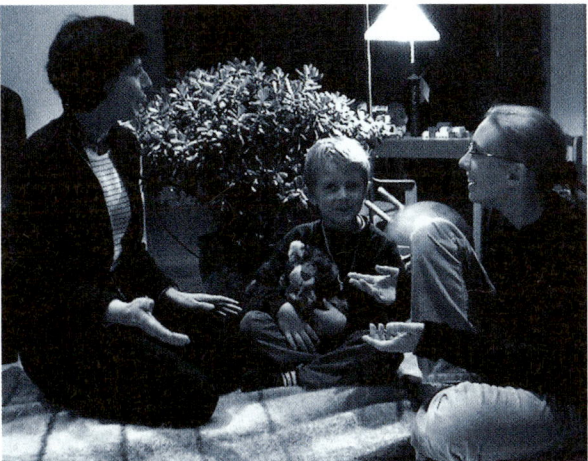

große Last von den Schultern. Mit Kindern zu philosophieren ist lohnend, weil im Gespräch, im kommunikativen Austausch, ihr logisches Denken und ihre Glaubenskraft gefördert werden. Für abstrakte Formen des Verständnisses scheinen Kinder sogar schon im ersten Lebensjahr gerüstet zu sein. Untersuchungen auf diesem Gebiet konnten zum Beispiel ein Grundverständnis für Zahlen nachweisen. Diese frühen Formen des Weltverstehens auch sehr junger Kinder bilden die Grundlagen für spätere Theorien über die physikalische und soziale Welt, in der sie leben.

Im Gespräch lernen Kinder zuzuhören. Damit einher geht die Erfahrung, den Anderen wertzuschätzen, Respekt vor seinen Denkweisen zu haben. Die Bemühungen um Antworten und eigene, für die Gesprächspartner verständliche Beiträge schärfen die Ausdrucksweise und die Fähigkeit zu argumentieren. Ohne das Philosophieren mit Kindern instrumentalisieren zu wollen, ist es immer auch ein wertvoller Beitrag zur Gesprächserziehung.

Menschen auf der Suche nach Sinn

Das Wunder der Schöpfung, die Entstehung des Weltalls oder das Phänomen der Zeit geben dem von Natur aus neugierigen Menschen Rätsel über Rätsel auf. Erlebnisse und Erfahrungen aus den Bereichen des Physischen, Psychischen und Metaphysischen sorgen allenthalben für

15

Irritationen, Staunen und Zweifel. Zum Glück! Denn sie provozieren Nachdenklichkeit und die Beschäftigung mit Fragen, die uns ganz persönlich, aber auch die Menschheit insgesamt weiterbringen können. Altes wird hinterfragt und auf seine Gültigkeit hin überprüft. Die Frage ist unser wichtigstes intellektuelles Werkzeug! Nur als Antworten auf gute und richtig gestellte Fragen können sinnvolle Neuerungen und Verbesserungen auf den Weg gebracht werden.

Die fundamentale Frage, die schon ganz junge Kinder beschäftigt, ist dabei die Frage nach dem Sinn. Kinder gehen von der absoluten Sinnhaftigkeit aller Dinge und Ereignisse, die ihnen begegnen, aus. Nichts auf der Welt ist für sie sinnlos. Es gilt aber, den genauen Sinn herauszufinden.

Damit Sie und ich uns im Rahmen dieses Buches der Frage nach dem Sinn nähern können, möchte ich Ihnen das Menschenbild des Psychiaters *Viktor Frankl* vorstellen. Frankl hat die Frage nach dem Sinn zum zentralen Thema seiner Arbeit gemacht, und sein Bild des Menschen soll auch für unsere Überlegungen grundlegend sein. Frankl lebte von 1905 bis 1997 und ist der Begründer der Logotherapie und Existenzanalyse. Jedoch ruht das Menschenbild oder die Anthropologie (von griechisch *anthropos*, Mensch, und *logos*, Wissen), das ich diesem Buch zu Grunde lege, noch auf einer zweiten Säule. Es sind die Aussagen des Göttinger Philosophen *Leonard Nelson,* der von 1882 bis 1927 lebte und als der Begründer des modernen sokratischen Gesprächs gilt. Mit ihm will ich beginnen.

Leonard Nelson hebt besonders die *Vernünftigkeit* des Menschen hervor. Er bezieht sich damit auf den berühmten Philosophen Immanuel Kant und den weniger bekannten Philosophen Jakob Friedrich Fries. Die Vernunft-Begabung bezeichnet Nelson als das den Menschen auszeichnende Merkmal. Mit seiner Vernunft kann der Mensch erfassen, was in der konkreten Situation des Alltags zu tun ist. Wenn aber, wie Nelson sagt, alle Menschen unabhängig von ihrem Alter und ihrer Bildung, über Vernunft verfügen, folgt daraus:

> Es ist möglich, mit Kindern auf der Basis der Vernunft zu philosophieren.

Menschen streben nach Erkenntnis und Wahrheit. Für ihre Suche danach bedienen sie sich ihres Verstandes (lateinisch: *ratio*). Für Nelson war die *Rationalität des Denkens* von höchster Wichtigkeit. Allerdings vernachlässigte er dabei das Gefühl. Heute wissen wir, im Gegensatz zu Nelson, dass alles Nachdenken und jede Entscheidung von Gefühlen begleitet ist, dass eine „reine Verstandestätigkeit", wie sie ihm vorschwebte, hirnphysiologisch nicht möglich ist. Dennoch ist es manchmal wichtig, so

objektiv und wenig emotional eingefärbt wie nur möglich über ein Problem oder eine Frage nachzudenken, um zu einer befriedigenden Lösung zu gelangen. Und darum sollten wir uns dann auch bemühen. Verstandestätigkeit ist das Medium der Vermittlung und der Selbstverständigung in unserer Kultur. Auch unsere Fragen im Glauben sind auf Rationalität angewiesen. Ohne Rationalität lassen sich religiöse Erziehung und Bildung nicht denken.

Der Wiener Logotherapeut und Arzt *Viktor Frankl* sieht den Menschen ganzheitlich. Dem Menschen ist *Geistigkeit* eigen; sie zeichnet ihn aus und unterscheidet ihn von allen anderen Lebewesen. Dabei weist der Begriff der Geistigkeit in der Logotherapie über die Vernunft hinaus, denn der Geist schließt die Vernunft, den Verstand und das Gefühl mit ein. Hier liegt auch der Schlüssel für Empathie, Mitgefühl und Mitleid, es wird möglich einander zu verstehen.

Frankls Mensch ist ein Wesen auf der Suche nach Sinn. Das menschliche Sein ist „ein Sein auf den Sinn hin" (Frankl). Kein Geld der Welt, nicht Schönheit, Ruhm oder Prestige machen den Menschen auf Dauer glücklich, sondern die Hingabe an eine Sache oder die Liebe zu einer anderen Person können, wenn sie als sinn- und wertvoll erlebt werden, den Menschen ganz erfüllen. Frankl geht davon aus, dass das Streben nach Sinn und Wert uns Menschen angeboren ist und dass wir über ein unbewusstes Vorwissen um Sinn verfügen. Mit der Hilfe unseres Gewissens, der inneren Stimme, die Frankl auch als die Stimme der Transzendenz und von Gott kommend bezeichnet, können wir den immer vorhandenen Sinn in der Welt aufspüren. Für Frankl ist jeder Mensch zugleich

- religiös, d.h. auf einen höheren Willen bezogen
- frei, d.h. entscheidungsfähig
- verantwortlich, d.h.: Er steht ein für die Entscheidungen, die er getroffen hat, vor sich selbst und vor dem höheren Willen.

Dabei ist der Mensch sich selbst ein Geheimnis. Dieses Geheimnis verweist ihn auf die Voraussetzungen seines Daseins, die er selbst nicht erschafft.

Beide, Frankl und Nelson, haben eigene Gesprächsmethoden entwickelt, mit deren Hilfe ihre Erkenntnisse für die Lebenspraxis wirksam werden können. Bei Nelson entstand so das *sokratische Gespräch*, bei Frankl eine eigene *logotherapeutische Gesprächsform*. Für beide gilt:

▨ Das Gespräch ist eine Form zwischenmenschlichen Miteinanders.

▨ Zwischenmenschliches Miteinander soll getragen sein vom Bemühen der Beteiligten, einander gerecht zu werden und Anteil aneinander zu nehmen.

In Gesprächen nach Nelson und Frankl wird die Einzigartigkeit und Einmaligkeit des Gesprächspartners hervorgehoben. Zugleich ist er gefordert: Er muss seine Vernunft bzw. seine Geistigkeit aktiv einsetzen, um zu *eigenen* Erkenntnissen vorzustoßen. Weder Nelson noch Frankl wollen eine Gesprächsleitung, die Weltanschauliches vorgibt. Geprüft werden hingegen die Werthaftigkeit, Wirklichkeitsnähe und Verantwortbarkeit dessen, was ein Mensch sagt und tut.

Das *logotherapeutische Gespräch* geht hier über das sokratische hinaus. Dennoch ist das *sokratische Gespräch* damit nicht etwa überholt oder überflüssig. Je nach Thema und Gesprächsanlass kann eine Gesprächsleitung entscheiden, welche Methode sie sinnvollerweise anwendet. Es ist aber auch möglich, die Stärken der beiden Methoden zu vereinigen. Weil beide einerseits viele methodische Übereinstimmungen aufweisen, sich andererseits in ihrer Kommunikations*struktur* unterscheiden, habe ich den Versuch unternommen, beide Methoden zusammenzuführen. Entstanden ist das *logo-sokratische Gespräch*. In Kapitel sechs „Vorbereitungen im Team" werde ich Sie mit dem sokratischen und dem logo-sokratischen Gespräch näher vertraut machen. Dort ist die Struktur des logo-sokratischen Gesprächs graphisch dargestellt.

Sprache als Wegweiser bei der Sinnsuche

Was ist die Wahrheit?
Was für höhere Wesen
Wahrheit ist,
wissen wir nicht;
Für den Menschen ist gewiß
alles das Wahrheit,
was er vermöge seiner Natur
genötiget worden ist,
für sein Geschlecht
in Worte zu bringen.
Wenn du also
für dein Geschlecht
Wahrheit suchst,
so lehre es reden.

J.H. Pestalozzi

Grundsätzlich können alle Menschen sprechen, Sprache ist damit eine echte Arteigenschaft. Sogar zwischen Völkern sehr entfernter Kulturen kann eine Verständigung stattfinden, obwohl sich ihre Sprachen im Aufbau ganz erheblich unterscheiden.

Sowohl Frankl wie auch Nelson sind bei der Durchführung ihrer Konzepte auf die Sprache des Menschen angewiesen. Die sprachliche Verständigung kann uns helfen, Schneisen in das Dickicht aus Fragen und Rätseln über uns und die Welt zu schlagen.

Die Philosophie im Allgemeinen ist ohne die Sprache ebenfalls nicht denkbar. Sprache ist die Voraussetzung oder, wie die Philosophen sagen würden, die Bedingung der Möglichkeit zu philosophieren.

Die Sprache erfüllt im Leben der Menschen verschiedene wichtige Funktionen: Die zentrale Funktion der Sprache ist ihre *kommunikative* Funktion. Als Medium der Kommunikation dient die Sprache der Verständigung und Orientierung. Sprache vermittelt den Austausch von Gedanken, Fakten, Ansichten und Wünschen zwischen einzelnen Personen. Innerhalb der *sozialen* Funktion ermöglicht die Sprache zwischenmenschliche Beziehungen und wirkt Identität stiftend. Da mit der Sprache Gedanken und Gefühle wie Ärger, Freude, Trauer oder auch Erstaunen ausgedrückt werden können, hat die Sprache eine *expressive* und *emotive* (gefühlsmäßige) Funktion. Weil die Sprache Werturteile fällen kann, kommt ihr eine *sittliche* Funktion zu. Mit Worten beschreiben die Menschen die Welt, in der sie leben. Dies ist die *Wirklichkeit abbildende* Funktion der Sprache. Sprache kann aber noch mehr: Sie 19 kann die Wirklichkeit auch „schaffen". So, wie wir die Welt und unsere Wirklichkeit mit Worten beschreiben, übt diese beschriebene Welt einen bestimmten Einfluss auf uns aus. Probieren Sie es einfach einmal selbst:

▨ Beschreiben Sie ein an sich neutrales Ereignis wie Ihren wachsenden Rasen im Garten, dessen Pflege Ihre Aufgabe ist, das eine Mal nur mit anerkennenden Worten, das andere Mal mit abwertender Sprache. Das Verhältnis zu Ihrem Rasen wird jeweils ein anderes sein!

Dies ist ein kleines Beispiel für die *Wirklichkeit schaffende* Funktion der Sprache. Sprache verhilft uns zu Orientierung im Dschungel von Eindrücken und Gefühlen.

Was die Sprache nun besonders für die Philosophie so unentbehrlich macht, ist, dass man sich mit ihrer Hilfe über Dinge verständigen kann, die im Moment gar nicht vorhanden sind, aber auch über Ereignisse, die entweder lange zurückliegen oder erst in der Zukunft eintreten werden. Besonders spannend ist der sprachliche Austausch über Abstraktes wie Mut, Glück, Tapferkeit, Vertrauen. Es bedarf dazu einiger Voraussetzungen in der Entwicklung des einzelnen Menschen.

Zunächst aber ein Beispiel, das Ihnen das Gesagte etwas deutlicher vor Augen führt:

▨ Wenn Sie sich mit Ihrer Kollegin über die Gestaltung der Laternen für den diesjährigen Martinszug beraten, dann brauchen Sie dafür keine Laterne vor sich auf den Tisch zu stellen. Sie haben bereits viele Laternen gesehen, so dass vor ihrem inneren Auge das Bild einer Laterne erscheint.

Für die sprachliche Verständigung braucht der Mensch demnach vorgängige sinnliche Erfahrungen, so wie im Beispiel der Laterne optische Eindrücke und zusätzlich eventuell Berührungserfahrungen mit dem jeweiligen Material, haptische Eindrücke, die ihm Kenntnisse über die Materialeigenschaften vermitteln und die Planung für den Laternenbau zusätzlich erleichtern.

Schwieriger wird es dagegen zu sagen, wie und woher wir Erfahrungen über abstrakte Begriffe gewonnen haben. Wie sieht Mut aus? Wie fühlen sich Tapferkeit und Glück an? Welche Bilder erscheinen bei diesen Begriffen vor unserem inneren Auge? Die Antworten fallen uns jetzt nicht mehr so schnell und leicht ein wie bei der Vorstellung einer Laterne. Daher ist es hilfreich, sich im Umgang mit abstrakten Begriffen wie Mut, Tapferkeit, Glück die folgenden Fragen zu stellen:

In welchem Zusammenhang ist mir dieser Begriff begegnet?
Was wollte der Sprecher mit diesem Begriff deutlich machen?
Was will ich mit diesem Begriff ausdrücken?
Wann (ge)brauche ich diesen Begriff?

Fassen wir zusammen:

- Sprechen heißt sich ausdrücken, heißt sich verständigen im sozialen Miteinander.
- Sprechen heißt, die Welt zu konstruieren und mit unserer Vernunft zu deuten.
- Sprechen heißt, sich dem Sinn und der Wahrheit zu nähern.

3 | Kleine Geschichte der Kinderphilosophie

Die Philosophie ist so alt wie die denkende und sprechende Menschheit. Staunen und Fragen-Stellen sind die Grundpfeiler aller Intellektualität und der Anfang der Philosophie. Philosophieren ist trotz aller Lebensnähe immer eine ziemlich intellektuelle Beschäftigung. Dass das Denken beglückend sein kann, das wussten in der Antike auch schon Platon und Aristoteles. *Sokrates,* Platons Lehrer, starb 399 v. Christus fast siebzigjährig durch den Schierlingsbecher. Für ihn war das Ziel der Philosophie ein ethisches: das tugendhafte Leben. Philosophische Rationalität stand im Dienst der Selbsterkenntnis. Sokrates übte Kritik am falschen Schein, entlarvte Scheinwissen und intellektuelle Überheblichkeit. Er philosophierte mit den Leistungsträgern der attischen Gesellschaft auf dem Marktplatz und in stilleren Ecken auch mit griechischen Knaben aus gutem Hause.

Mit einem großen Schritt über die Jahrhunderte hinweg, in denen sich in Sachen Kinderphilosophie nicht allzu viel getan hat, ist als nächstes das 18. Jahrhundert zu bedenken, das als das *sokratische Jahrhundert* von sich reden gemacht hat. Schriftsteller, Philosophen und Pädagogen bezogen sich damals in unterschiedlichster Weise auf Sokrates. Die Kinder- und Jugendliteratur der Aufklärung kennt eine Fülle belehrender und moralisierender Schriften, die im „sokratischen Dialog" abgefasst sind. Dieser „sokratische Dialog", beim dem ein wissender Vater sich seiner noch unwissenden Kinder annimmt, um ihnen Sittsamkeit und Standesbewusstsein nahe zu bringen, ist lediglich Mittel zum Zweck und hat nichts mit dem sokratischen Gespräch gemeinsam, wie ich es noch beschreiben werde.

Sokrates' Methode, der Wahrheit näher zu kommen, war zu jener Zeit vor allem auch in der Schule gefragt. Klangvolle Namen verbinden sich mit der so genannten maieutischen Vorgehensweise (*Maieutik,* griechisch: Hebammenkunst): Joachim Heinrich Campe, Johann Heinrich Pestalozzi, Johann Paulus Pöhlmann, Friedrich Adolph Diesterweg. Wie eine Hebamme bemüht sich der Lehrer, seinen Schülerinnen und Schülern bei ihren geistigen Geburten zur Seite zu stehen. So legte beispielsweise Campe besonderen Wert auf die Einbeziehung von Erfahrung und Anschauung in den Lernprozess. Ein Beispiel für die sokratische Methode findet sich in der „Kleinen Seelenheilkunde für Kinder" von 1770. Diesterweg wiederum verlangte von den Lehrkräften, sie sollten vor allem die Denk- und Sprachgewandtheit ihrer Schüler, ihr Selbstvertrauen und ihre Spontaneität fördern.

Die nächste wichtige Station der Geschichte der Philosophie mit Kindern ist das Deutschland der *Weimarer Republik.* Es war die Zeit nach dem Ersten Weltkrieg, die eine Phase auch der pädagogischen Neuorientierung notwendigerweise mit sich brachte. Vertreter der geisteswissenschaftlichen Pädagogik wie Herman Nohl äußerten sich begeistert zum so genannten Gesamtunterricht in den Landschulheimen. In diesem Unterricht lehrte man nicht nach Fächern getrennt, sondern behandelte – möglichst anschaulich – diverse Themengebiete aus der Erfahrungswelt der Kinder, wie sie sich eben ergaben. Das Staunen der Kinder, beispielsweise über die Weite und Schönheit des Sternenhimmels oder einer Landschaft, und sich anschließende tiefsinnige, „metaphysische" und existenzielle Fragen waren hoch willkommen. Die Überzeugung, Kinder bräuchten für ihr Leben praktische Orientierung, schlug sich, bezogen auf den Unterricht in Einzelfächern, in der „Lebenskunde" nieder, einem Unterrichtsfach, das mit dem heutigen Ethikunterricht vergleichbar ist.

In Leonard Nelsons Landschulheim „Walkemühle" wurden die Kinder nach der von Nelson selbst entwickelten „sokratischen Methode" unterrichtet. Wir sind Nelson bereits im zweiten Kapitel begegnet und werden seine Methode im sechsten Kapitel noch näher beleuchten. Für Kinder unter zehn Jahren ist sie allerdings nicht geeignet.

Auch ein höchst bedenklicher Ansatz wurde in dieser Zeit herausgearbeitet. Er stammt von Arthur Liebert. Seiner Meinung nach sollte die Philosophie wenigen hoch begabten Denkern vorbehalten sein; Kindern und Jugendlichen aber müsse man zu ihrer zweifelsfreien Orientierung eine klar gegliederte Weltanschauung verbindlich vorgeben und es ihnen möglichst verwehren, anders bzw. selbst über Werte und Sinn nachzudenken.

Es war Walter Benjamin, der sich dem gegenüber dafür stark machte, Kinder selbstbestimmt denken zu lassen. Interessante Begebenheiten aus der Lebenswelt der Kinder oder aus der Geschichte waren ihm geeignete Anlässe, um auch Kinder zu philosophischen Betrachtungen herauszufordern. Benjamin scheute sich nicht, Kinder zu fragen, wie man Erkenntnis gewinnt, oder mit ihnen zu klären, was Vernunft sein könnte.

Die Herrschaft der Nationalsozialisten bereitete den Bemühungen der Reformpädagogen um eine Philosophie mit Kindern ein jähes Ende.

Unsere heutigen Bestrebungen, mit Kindern philosophisch zu arbeiten, beruhen zu einem großen Teil auf den Arbeiten der US-Amerikaner *Matthew Lipman* und *Gareth B. Matthews* aus den achtziger Jahren des vergangenen Jahrhunderts. Inzwischen gibt es aber auch deutschsprachige Autoren, die sich um die Kinderphilosophie verdient gemacht haben, beispielsweise Barbara Brüning, Hans-Ludwig Freese, Ekkehard Martens und Helmut Schreier.

Praxisbeispiel: „Wechselwesen"

Gespräch in einem Lübecker Kindergarten, im Juni 2004.
Verfasserin B. und acht Kinder

J: Mein Lieblingstier ist ein Eichhörnchen, das wohnt bei meinem Großvater im Garten. Er legt ihm im Herbst Nüsse hin. Die holt es sich dann und versteckt sie. Das habe ich schon gesehen. Deshalb ist das Eichhörnchen mein Lieblingstier.

L: Mein Lieblingstier ist eine Katze. Die gehört uns. Sie darf nicht vom Balkon springen, der ist zu hoch. Aber Mama lässt sie durch die Tür nach draußen. Als Erstes klettert sie dann auf den Baum bei uns. Da ist sie am liebsten.

A: Delfine sind meine Lieblingstiere. Ich kenne sie aus dem Fernsehen. Aber ich weiß, dass sie im Wasser leben. Aber nicht hier bei uns am Strand (der Ostsee, Anmerkung d. Verf.).

B: Wart ihr schon einmal in einem Zoo? Wie leben die Tiere dort?

K: Die sind alle auf dem Rasen. Ein Ziegenbock ist mal ganz nah an uns rangekommen und hat diese Abdeckscheibe von Papas Fotoapparat gefressen. Auf den ist Papa jetzt ganz böse, die ist nämlich teuer.

H: Tiere dürfen kein Plastik fressen!

M: Wo wir im Zoo waren, waren die Tiere alle hinter so Eisenstäben eingesperrt.

L: Und der Bär hatte nur so viel Platz (zeigt einen kleinen Kreis auf dem Fußboden).

S: Da passt der ja gar nicht rein!

L: Doch, aber das ist viel zu eng. Der kann sich gar nicht richtig umdrehen.

N: Wenn immer die Menschen das Essen bringen, verlernen die Tiere das Jagen. Ein Bär fängt nämlich die Fische selbst.

H: Vielleicht sind die Tiere traurig, wenn sie aus dem Käfig gucken und die Menschen sehen.

K: Wieso?

M: Na, weil die Menschen wieder weggehen können, und die Tiere müssen im Zoo bleiben.

K: Und die können sich gar nicht befreien.

J: Und nicht nach Afrika laufen, wo die anderen Giraffen wohnen.

A: Bestimmt hätten die lieber ein bisschen Arbeit mehr mit Fressen suchen und so, dafür können sie aber hinlaufen, wohin sie wollen.

Leif-Lennard

4 | Der Bildungsauftrag der Kindertagesstätten

Das Kinder- und Jugendhilfegesetz, PISA und die Folgen

Das Wichtigste vorab: Die Bildung des Menschen beginnt bereits mit der Geburt und sie ist grundsätzlich weder auf den Kindergarten noch auf die Schule angewiesen. Gleichwohl sind beide Institutionen und die in ihnen beschäftigten Pädagoginnen und Pädagogen aufgefordert, die Bildung jedes Einzelnen individuell zu fördern und zu optimieren.

Mit dem *Kinder- und Jugendhilfegesetz,* das am 3. Oktober 1990 in den neuen Bundesländern und am 1. Januar 1991 in den alten Bundesländern in Kraft getreten ist und das Jugendwohlfahrtsgesetz von 1961 abgelöst hat, handelt die Sozialpädagogik nach einer gesetzlichen Grundlage, die den Bildungsauftrag sozialpädagogischer Einrichtungen ausdrücklich hervorhebt und damit ein Gegengewicht zur schulischen Bildung formuliert. Im *Jugendwohlfahrtsgesetz* (JWG) war die Betreuung von Kindern in Tageseinrichtungen und in der Tagespflege nicht konkret geregelt. Es war – nach §5 Abs.1 Satz 1 Nr.3 JWG – Aufgabe des Jugendamtes, Einrichtungen und Veranstaltungen anzuregen, zu fördern und zu schaffen, die für die Pflege und Erziehung von Säuglingen, Kleinkindern und schulpflichtigen Kindern außerhalb der Schule eintraten. Weil qualifizierte Bildung aber nicht erst in jüngster Zeit ein Schlüssel für den Einstieg in die Berufswelt ist und darüber hinaus im weitem Umfang den sozialen Status mitbestimmt, wurde bereits 1973 der Bildungsgesamtplan der Bund-Länder-Kommission für Bildungsplanung aufgestellt, der den Elementarbereich als die erste Stufe des Bildungswesens markierte und damit in Bezug zur Schule setzte.

Allerdings ist nirgendwo eindeutig formuliert, was mit dem Begriff der „Bildung" genau gemeint ist, es fehlt nach wie vor eine Definition. Für dieses Buch hat Bildung folgende Ziele:

- *Bildung emanzipiert:* Der Mensch kann sein Leben selbsttätig und selbstverantwortet gestalten.

- *Bildung kommuniziert:* Der Mensch lebt in Kontakt und Auseinandersetzung mit anderen.

- *Bildung ist ein Prozess:* Das selbstgestaltete und selbst zu gestaltende Leben ist niemals „fertig", sondern stets im Werden.

- *Bildung qualifiziert:* Der Mensch kann gesellschaftliche und individuelle Probleme im Lebensvollzug bewältigen.

- *Bildung setzt Maßstäbe:* Gelingendes Leben entfaltet sich in einer auf christlichen Werten begründeten, demokratisch verfassten und menschenwürdig gestalteten Welt.

Im Kinder- und Jugendhilfegesetz ist es der *Paragraph 22,* der den Bildungsauftrag der Kindertageseinrichtungen hervorhebt:

Grundsätze der Förderung von Kindern in Tageseinrichtungen

(1) In Kindergärten, Horten und anderen Einrichtungen, in denen sich Kinder für einen Teil des Tages oder ganztags aufhalten (Tageseinrichtungen), soll die Entwicklung des Kindes zu einer eigenverantwortlichen und gemeinschaftsfähigen Persönlichkeit gefördert werden.

(2) Die Aufgabe umfasst die Betreuung, Bildung und Erziehung des Kindes. Das Leistungsangebot soll sich pädagogisch und organisatorisch an den Bedürfnissen der Kinder und ihren Familien orientieren.

(3) Bei der Wahrnehmung ihrer Aufgaben sollen die in den Einrichtungen tätigen Fachkräfte und anderen Mitarbeiter mit den Erziehungsberechtigten zum Wohl der Kinder zusammenarbeiten. Die Erziehungsberechtigten sind an den Entscheidungen in wesentlichen Angelegenheiten der Tageseinrichtung zu beteiligen.[1]

Die wirksamste Entwicklungs- und Bildungsförderung setzt an selbstinitiierten Lernprozessen der Kinder an.

In der PISA-Studie (2002) stehen die Fähigkeiten zu

- selbstreguliertem Lernen,
- Kooperation und
- Kommunikation

im Mittelpunkt des Interesses. Die beiden letztgenannten sind als Kompetenzen sozialen Handelns zu verstehen und setzen sich aus kognitiven, emotionalen und motivationalen Faktoren zusammen.

Die PISA-Studie macht deutlich, dass die Selbsttätigkeit des Kindes oder auch des Erwachsenen nicht aus einsamen Handlungs- und Erkenntnisprozessen besteht. Immer sind es auch die Umgebung und das kommunikative und interaktive Wechselspiel zwischen Personen, die bildend wirken.

1 Bundesministerium für Familie, Senioren, Frauen und Jugend: Kinder- und Jugendhilfe (Achtes Buch Sozialgesetzbuch). Stand 02.11.2000, Seite 49.

Aufgabe der Erzieherinnen und Erzieher in den Kindertagesstätten ist es daher, das soziale Umfeld für Bildungsprozesse förderlich zu gestalten. Zu einem förderlich gestalteten Umfeld gehören auch die nicht sichtbaren Elemente, wie beispielsweise gute Gespräche in angenehmer Atmosphäre.

Eine früh einsetzende institutionalisierte Bildung hat nicht die Aufgabe, eine „Vorschulerziehung" zu leisten.

Kindertagesstätten stehen in der Pflicht, jedem Kind ein individuelles, auf seine persönliche Ausgangslage und Lebenswelt abgestimmtes Bildungsangebot zu unterbreiten. Dennoch gibt es Voraussetzungen auch in der kognitiven Entwicklung des Kindes, die sich sehr genau eingrenzen lassen und die für einen gelingenden Schulanfang entscheidend wichtig sind.

Die Methode des Philosophierens mit Kindern kann solche kognitiven Fähigkeiten fördern.

Die Kinder können…

…im Bereich der optischen Differenzierung

▓ Gegenstände erkennen, benennen und Unterschiede feststellen;
  ► Woran erkennen wir einen Tisch?
  ► Was macht einen Tisch zu einem Tisch?
  ► Was müssen alle Tische haben, damit wir sie als Tisch erkennen können?

▓ Formen unterscheiden;
  ► Worin unterscheiden sich Tische von Stühlen?

…im Bereich der akustischen Differenzierung

▓ klangähnliche Wörter unterscheiden;
  ► Segel/Kegel; Ball/Knall; Fisch/Schiff

…im Bereich der Denkfähigkeit

▓ Kreativität zeigen, z.B. im Bereich des Problemlösens;

▓ alltägliche Dinge „fragwürdig" finden;
  ► Warum muss der Kopf auf dem Kissen liegen und nicht die Füße?
  ► Warum tragen Jungen keine Röcke?
  ► Wer sagt denn, dass die Gabel in die linke Hand gehört?

▓ nachfragen;

■ Beziehungen erfassen;

▶ „Mama hat einen Bruder. Der hat zwei Kinder. Das sind meine Cousinen, weil sie Mädchen sind. Sonst wären es meine Cousins."

■ eine Neugier- und Fragehaltung entwickeln.

...im Bereich der sprachlichen Fähigkeiten

■ Anforderungen in Alltagssituationen sprachlich bewältigen;

▶ „Kannst du mir bitte den Weg zum Spielplatz zeigen?"

▶ Beim Arzt: „Ich bin mit meinem linken Fuß umgeknickt. Seitdem tut er weh, wenn ich schnell laufen will."

■ zu Bildern erzählen;

■ Erlebnisse erzählen;

▶ „Gestern ist mir was Tolles passiert…"

■ Zeitliche und räumliche Angaben erkennen;

▶ „Heute Nachmittag gehen wir zum Spielen in den Garten hinter dem Haus."

...im Bereich der sozialen Interaktionen

■ ihre Aufgeschlossenheit und Offenheit gegenüber der Welt und anderen Menschen zeigen;

■ hilfsbereit sein;

■ freundlich und rücksichtsvoll sein;

■ Andersartigkeit akzeptieren;

▶ Besonders in Bezug auf Menschen mit Behinderungen und das Leben in einer multikulturellen Gesellschaft

■ Freunde gewinnen;

■ sich in eine Gruppe einbringen;

■ ihre Freude im Umgang mit anderen entdecken;

■ sich friedlich durchsetzen;

■ sich trauen, vor anderen etwas zu sagen;

■ auch „nein" sagen;

■ eigene Bedürfnisse mitteilen;

■ ihre eigene Identität finden;

▨ ihr Verhalten auf andere Menschen und die Situation abstimmen;

▨ zuhören;

▨ sich gegenseitig achten;

▨ auch einmal nachgeben;

▨ Kompromisse schließen;

▨ Regeln erkennen und einhalten;

▨ Konflikte ohne Gewalt lösen.

...Im Bereich der psychischen Voraussetzungen

haben die Kinder

▨ Interesse und Lust am Lernen;

▨ das Bedürfnis nach Erklärungen;

▨ Interesse an der Umwelt;

▨ die Bereitschaft, sich anzustrengen;

▨ Ausdauer.

31

All diesen Zielen stehen Sie als Erzieher/innen glücklicherweise nicht allein gegenüber. Stets sind die Eltern der Kinder sinnvoller Weise einzubeziehen, wie es im §22 (3) ja auch ausgeführt wird. Kindertagesstätten, die ihre Arbeit transparent machen und die Eltern in ihre Überlegungen und Planungen einbeziehen, erreichen eine größere Akzeptanz für ihre Vorhaben und erfahren mehr Unterstützung. Ein sehr geeigneter Weg, die Eltern persönlich zu erreichen, ist nach wie vor der Elternabend, entweder für die einzelne Gruppe oder für die gesamte Einrichtung. Hier ist Zeit und Raum, gemeinsam Themen zu entwickeln, vorzustellen und zu besprechen. Hilfen und Tipps für einen gelingenden Elternabend finden Sie im Kapitel 7.

Selbstbestimmt und selbstbewusst

Pädagogik und Philosophie verfolgen ein gemeinsames Ziel: Sie bemühen sich um die Entfaltung und Reifung des Menschen. Alle, die regelmäßig Kontakt zu Kindern haben, kennen die folgende Entwicklung: Wenn die formale Sprachentwicklung abgeschlossen ist und der Wortschatz an Umfang zugenommen hat, beginnen Kinder, philosophische Fragestellungen zu formulieren, wie etwa: „Was ist Wahrheit?", „Was ist Lüge?", „Was ist gut?", „Was ist böse?", „Woher kommt Gott?", „Was wäre, wenn …?". Das Fragealter hat begonnen.

Investieren wir genug Aufmerksamkeit, Engagement und Fantasie, um die im Alltag gegebenen Kommunikationsmöglichkeiten über diese bewegenden Fragen gemeinsam mit unseren Kindern auszuschöpfen?

Wir wissen heute, dass die differenzierte Entwicklung kognitiver Funktionen wesentlich von den Kommunikationsfähigkeiten und -möglichkeiten der Kinder abhängt. Es ist davon auszugehen, dass die Hirnentwicklung und -reifung unserer Kinder auf die lebendige Interaktion mit anderen Menschen angewiesen ist.

Die Fähigkeiten des Menschen,

- die eigene Existenz in der Zeit zu begreifen,
- Handlungen von vorausgehenden Überlegungen abhängig zu machen und gegebenenfalls aufzuschieben,
- ein Konzept vom eigenen Ich zu entwickeln,
- sich in soziale Gruppen einzuordnen,

beruhen auf Funktionen des Vorderhirns, deren Ausreifung erst am Ende der Pubertät abgeschlossen ist. Viel Zeit für Pädagogen und Eltern, die es zu nutzen gilt! Die schon vorgeburtlich entstandenen neuronalen Verknüpfungen sind nur ein vorläufiges Muster, das im Laufe des Lebens umgeformt und vollendet wird. Kinder lernen, ihr Gehirn auf eine

bestimmte Weise zu benutzen, um sich in unserer Kultur zurechtzufinden. Dies geschieht durch die Ermutigung ihrer Bezugspersonen, bestimmte Fähigkeiten zu entwickeln, auf gewisse Dinge zu achten und manche Gefühle eher zuzulassen als andere. Dabei werden bestimmte neuronale Verschaltungen immer wieder aktiviert. Sie verstärken sich, werden ausgebaut und stark entwickelt. Andere, nicht oder selten benötigte Verbindungen bleiben hingegen weniger gut ausgebildet.

Vieles, was wir wissen, wird von außen an uns herangetragen. Unsere Muttersprache ist dafür ein gutes Beispiel. Nutzlos oder sogar schädlich kann es sein, wenn wir Inhalte an die Kinder herantragen, die ihrem Entwicklungsstand nicht angemessen sind und die sie deshalb nicht verarbeiten können. Es ist daher unabdingbar, die Kinder immer wieder sorgfältig daraufhin zu beobachten, wo sie sich in ihrer Entwicklung gerade befinden und wonach sie fragen.

Aber Kinder entwickeln auch eine erstaunliche Eigenaktivität, um die Welt selbst zu erkunden und zu verstehen. Jedes Kind ist ein kleiner Forscher. Es bildet Hypothesen, es testet sie, es verwirft sie oder behält sie bei, wenn sie ihm stimmig erscheinen. All dies sind notwendige Schritte, um Erkenntnisse über die Welt zu gewinnen. Man könnte sagen: Der Mensch wird geboren, aber dann muss er noch zur Welt kommen. Menschen existieren. Das lateinische Wort *existere* bedeutet *heraustreten, herauskommen*. Das Kind tritt aus sich heraus, in die Welt hinein. Der Philosoph Max Scheler hat es einmal so ausgedrückt: „Der Mensch ist umweltoffen." Durch diese Eigenschaft des Menschen ist Sozialisation möglich, findet die Aneignung gesellschaftlicher, traditioneller und kultureller Verhaltensweisen statt.

Gewisse Grundvoraussetzungen, die durch die Hirnentwicklung geschaffen werden, sind dafür nötig: Die Speicherung von Informationen und ihre Verarbeitung, Motivation und Steuerung.

Jeder Mensch verfügt letztendlich über ein gedankliches, kognitives oder internes Modell von der Welt, die „seine" ist, und auch über sich als Individuum. Dieses Modell setzt sich zusammen aus eigener, unmittelbarer und selbstständiger Erfahrung und aus erlebten Bildungs- und Erziehungsprozessen, also immer auch in Relation zu anderen Menschen. Wir können sagen, das Weltverstehen ist „multifaktoriell bedingt" und verläuft nicht gleichmäßig oder linear.

Kinder sind stets vielen Einflüssen ausgesetzt: Neben den erbbedingten biologischen Faktoren und der Umwelt ist es die Erziehung in der Familie, im Kindergarten und in der Schule, die prägenden Charakter hat.

Ich-Stärke zur Lebensbewältigung und Du-Fähigkeit für die Gestaltung der Beziehung zu anderen Menschen und zu Gott sind die entscheidenden Entwicklungsziele.

Der Religions-Philosoph Martin Buber spricht vom „Werden in der Begegnung“. Auch der *Gestaltung* der Beziehung zur Welt kommt eine existenzielle Bedeutung zu. Eine Erziehung im Glauben, im Vertrauen auf Gott als tragendem Seins-Grund, stärkt den Mut unserer Kinder, sich auf die Erkundung des Abenteuers „Welt“ einzulassen, um sie Schritt für Schritt mehr zu verstehen.

Selber denken macht schlau! Aber es ist auch sehr wichtig zu wissen, was und wie der andere denkt. Dabei bildet der gegenseitige Respekt die gemeinsame Bildungsbasis.

Sind Kinder, die sich gegenseitig zuhören, sich bemühen, den anderen zu verstehen und in einer kleinen Runde sogar die Gesprächsleitung selbst übernehmen, eine überspannte Vorstellung, die Kindergartenkindern nicht gerecht wird, weil sie eine Überforderung darstellt? Keineswegs! Eine gelingende Gesprächserziehung beginnt nicht erst mit dem Schuleintritt. Wichtige Grundlagen können und sollten im Kindergarten geschaffen werden. Gelingende Gespräche

- stärken das Selbstvertrauen,
- beweisen die Selbstwirksamkeit jedes Einzelnen,
- fördern die Selbstregulierungsfähigkeit sowie die Fähigkeit, Konflikte gewaltfrei zu lösen.

Dabei ist bedenkenswert, dass sowohl im Alltag als auch im Beruf das Verhältnis von Lesen und Schreiben zu Sprechen und Hören ca. 1:3 beträgt. Der Löwenanteil unserer kommunikativen Handlungen liegt also im mündlichen Bereich. Dabei darf der Erwerb von Gesprächsfähigkeit nicht als ein Prozess verstanden werden, der mit dem Erreichen bestimmter Kompetenzen abgeschlossen wäre. Die Gesprächsfähigkeit des Einzelnen bildet sich im Laufe seines Lebens im Zuge einer langen Entwicklung immer weiter aus. Aber nur, wenn er darum bemüht ist! Jedes Gespräch, das wir Menschen führen, bietet uns neue Perspektiven, Erlebnisse, Einsichten, Ärgernisse, Handlungsmöglichkeiten, die wir mit Hilfe unserer Wahrnehmungs- und Reflexionsfähigkeit Gewinn bringend in unser Leben integrieren können.

Zum Gesprächsfähig-Werden gehört auch, dass die Kinder der Gruppe lernen, einfache Gesprächsregeln einzuhalten. Sie sollen sie im Vorschulalter natürlich nicht bis zur Perfektion beherrschen. Aber sie sollen sich in sie einleben, sich mit den Regeln wohlfühlen, sie als Hilfe begreifen.

Erste einfache Regeln sind:

- Ich versuche, laut und deutlich zu sprechen.
- Ich lasse die anderen Kinder ausreden.
- Ich höre den anderen Kindern gut zu.

In den von der Erzieherin begleiteten Gesprächssituationen im Kindergarten finden diese Regeln Anwendung.

Philosophische Gespräche mit Vorschulkindern sind eher kurz, und häufig schweifen die Kinder vom eigentlichen Thema ab. Sie richten ihre Wortbeiträge in der Regel noch bis in die erste Grundschulklasse hinein an den anwesenden Erwachsenen und beziehen sich nur wenig aufeinander. All dies ist entwicklungsbedingt. Behutsame und sensible Lenkungsmaßnahmen von Seiten des anwesenden Erwachsenen sind aber dennoch wünschenswert. Insgesamt sind die Gesprächsregeln sowie lenkende Maßnahmen aber nur als Hilfe zu verstehen und müssen nicht strikt eingehalten werden. Denn unser Ziel ist es, die Natürlichkeit der Kinderbeiträge und ihre Freude am gemeinsamen Gespräch zu bewahren und zu fördern.

Der Schweizer Entwicklungspsychologe *Jean Piaget* hat die Kindheit in Phasen aufgeteilt.

- Für Kinder bis zu sieben Jahren ist alles sie Umgebende mit Bewusstsein ausgestattet. Alles Geschehen um sie herum wird von ihnen als bewusste und intendierte Aktivität gedacht.
- Für Kinder bis zum Alter von etwa neun Jahren haben immerhin noch alle beweglichen Dinge Bewusstsein.

In diesen Zusammenhang gehört auch die Vorstellung der Kinder, dass alles in der Welt von jemandem gemacht sein müsse (Artifizialismus): Bäume, Berge, Seen, Pflanzen in der Natur, Häuser, Autos, Lampen, aber auch die Tiere und Menschen.

Die lebensweltlichen Erfahrungen unserer Kinder sind durchzogen von menschenähnlichen (anthropomorphen) Vorstellungen.

Kinder pendeln zudem in ihrer Gedankenwelt zwanglos zwischen Realität und Fantasie hin und her.

Übrigens: Die scheinbar so kindliche anthropomorphe Weltsicht verschwindet auch mit dem Erwachsenwerden nicht völlig. Sprechen Sie mit Ihren Blumen…?

Im Gespräch mit unseren Kindern gilt es, die Welt nicht zu entseelen. Wir würden ihnen sonst den Lebensweltbezug nehmen. Es gilt, eine gute Balance herzustellen zwischen einer rational-naturwissenschaftlichen und einer animistisch-anthropomorphen Sichtweise, die ebenso eine aktive Hinwendung zur Religion einschließt. Als (häufig unbewusster) Teil unseres erwachsenen Seelenlebens kann eine entsprechende Herangehensweise an die Naturphänomene schöpferische Potenzen entfalten. Lassen Sie es einfach einmal darauf ankommen!

Die Rolle der Erzieherin und des Erziehers

Erzieherinnen und Erzieher haben in ihrem pädagogischen Arbeitsalltag ständig die Möglichkeit – und damit ist eine große Chance verbunden –, von sich aus Gespräche mit Kindern zu initiieren und damit Anstöße für Entwicklungen und Veränderungen zu geben. Dabei gilt:

- Kinder und Erzieher/innen bemühen sich gemeinsam um eine Sache, ein Thema. Beide Seiten, Erwachsene und Kinder, verstehen sich als gleichberechtigt Lernende.

- Erzieherinnen und Erzieher machen auch die eigenen Unsicherheiten und die eigene Unwissenheit deutlich und suchen gemeinsam mit den Kindern nach Lösungsmöglichkeiten für die schwierigen Fragen der Welt.

Als Erzieherin sollten Sie den Kindern in ihre Themen hinein folgen. Die Themen und Fragen müssen in der pädagogischen Praxis zunächst interpretiert werden, um ihre Bedeutung erschließen zu können. Versuchen Sie dabei, die Theorien der Kinder nachzuvollziehen. Kinder entwickeln so genannte intuitive Konzepte und naive Theorien, da ihnen (natur-)wissenschaftliche Lehrsätze nicht zur Verfügung stehen. Was Kinder über die Zusammenhänge der Welt aussagen, haben sie meist selbst entdeckt und herausgefunden.

Da niemand von uns Menschen die Wahrheit kennt, auch nicht diejenigen, die sich wissenschaftlich mit Philosophie und den großen Fragen beschäftigen, darf das kindliche Weltverständnis niemals als defizitär aufgefasst werden.

Es konnte nachgewiesen werden, dass sich die naiven Theorien der Kinder bis in das Erwachsenenalter halten und selbst bei naturwissenschaftlich ausgebildeten Fachleuten in bestimmten Situationen zur Erklärung von Phänomenen herangezogen werden.

▨ Als Erzieherin und Erzieher sollten Sie den Mut und die Bereitschaft aufbringen, Ihren eigenen intuitiven Konzepten und naiven Theorien nachzuforschen und sie zu reflektieren. Sie finden auf diese Weise einen leichteren Zugang zu den Argumentationslinien der Kinder Ihrer Gruppe.

▨ Bei Gedankengängen, die Sie nicht nachvollziehen können, fragen Sie die anderen am Gespräch beteiligten Kinder. Sie befinden sich auf dem gleichen Entwicklungsstand wie das argumentierende oder fragende Kind und können ihm in der Regel gedanklich leicht folgen. Nutzen Sie die Kompetenz der Gesprächsgruppe und bitten Sie ruhig um Hilfe!

▨ Als Bezugs- und Bindungsperson tragen Erzieherinnen und Erzieher viele Themen an die Kinder ihrer Gruppe heran, oftmals ohne es zu bemerken. Ihre Haltung im Glauben, ihre Vorstellung von Gerechtigkeit und Toleranz, aber auch ihr Umgang mit Konflikten oder Unordnung haben Einfluss auf das sich bildende Wertsystem der Kinder. Daher sollten Pädagoginnen und Pädagogen die eigenen Ziele, Einstellungen und Wertvorstellungen kennen.

Schließlich ist es dringend notwendig, selbst einmal in den Genuss des Philosophierens gekommen zu sein, bevor Sie es mit den Kindern ausprobieren. Und dies am besten unter Erwachsenen. Mehr über diese Hilfestellung erfahren Sie im sechsten Kapitel.

5 | Sapere aude – Es kann losgehen!

„Sapere aude!" – „Wage zu wissen!" (Kant) und „Ich weiß, dass ich nichts weiß." (Sokrates) – Wir befinden uns permanent in der Spannung von Ahnung, scheinbarer Gewissheit, sicherem Wissen und der Überzeugung, letzten Endes doch niemals hinter die Geheimnisse der Welt zu kommen. Was also tun? Auf keinen Fall aufgeben, lieber gemeinsam und im Gespräch nach Lösungen suchen!

Es gibt aber keine allgemeingültigen Regeln oder gar „Rezepte", wie Sie der Lösung der großen und kleinen Menschheitsfragen näher kommen können. Alles, was ich Ihnen anbieten kann, sind bestenfalls Hilfestellungen.

Eine erste Hilfe kann es sein, sich Gedanken zu machen über die Gesellschaft, in der wir leben, der wir angehören und die wir letztlich immer auch mitgestalten. Wir leben, sagt man, in der Postmoderne. Etwas konkreter bedeutet dies: Kulturelle Vielfalt, soziale Komplexität, geringe Vorhersagbarkeit in verschiedensten Bereichen, Umbrüche und schnelle Veränderungen, Verluste … Die rasanten gesellschaftlichen Veränderungsprozesse erfordern vom Einzelnen eine außerordentliche Orientierungskompetenz. Günstig, wenn nicht überlebenswichtig ist es, die Bewältigung anstehender Probleme als Herausforderung zu verstehen. Kinder erfüllen die Forderung der modernen Gesellschaft nach fortdauernder Bereitschaft zur Weiterentwicklung und zur grundsätzlichen Aufgeschlossenheit für Neues und Andersartiges ganz selbstverständlich.

Unsere Aufgabe als Erwachsene – Eltern und Pädagogen – besteht darin, diese Fähigkeiten zu erhalten. Gut, wenn der Glaube an Gott dabei durch die gesellschaftlichen Turbulenzen hindurchtragen kann.

Janne-Marike

Es genügt nicht mehr (hat es je genügt?), Wissen zu vermitteln. Über den Wissenserwerb hinaus müssen die Menschen heute sehr genau wissen, wie sie ihr erworbenes Wissen organisieren und sozial verantwortlich einsetzen können. Dafür benötigen sie die Fähigkeit, unter den unterschiedlichsten Umständen angemessene, begründete und verantwortbare Entscheidungen zu treffen. Denn auf jeden kommt es an! In philosophischen Gesprächen (mit Kindern) werden die Individualität und die Eigenart aller Teilnehmenden einbezogen. Bestehende Unterschiede werden nicht ignoriert oder eliminiert, sondern für Lernerfahrungen, Perspektivenwechsel und Horizonterweiterung genutzt. Hier zählt wirklich jede Stimme.

Eine weitere Hilfe für Ihre philosophische Arbeit in der Gruppe kann es sein, wenn Sie sich die Entwicklung Ihrer Kinder noch einmal vor Augen führen, ganz speziell unter dem Aspekt der Erkenntnisfähigkeit. Sehen Sie dazu noch einmal auf Seite 32ff. nach.

6 | Vorbereitungen im Team

Ich habe es schon gesagt: Wer mit Kindern philosophieren möchte, sollte es unbedingt zunächst selbst ausprobiert haben! Bevor Sie sich also auf das Abenteuer des gemeinsamen Nachdenkens mit Kindern einlassen, klären Sie die Voraussetzungen:

■ Sind alle Mitarbeitenden offen für die neue Art der Arbeit?

■ Sind alle Mitarbeitenden bereit, an einer entsprechenden Fortbildung teilzunehmen (z.B. an einer Tagung zum sokratischen Gespräch nach Nelson/Heckmann; s. Kapitel 2 und hier: ▶ *Beispiel 1*)?

Die Erfahrung hat gezeigt, dass Arbeitsschwerpunkte, die eine bestimmte Haltung der Beschäftigten erfordern und somit das Ethos der Einrichtung prägen, nur gemeinsam von allen Beteiligten umgesetzt werden können.

Auch über den *zeitlichen Aufwand* sollten Sie sich vorher verständigen:

■ Persönliche Vor- und Nachbereitungszeiten für die tägliche Gruppen-arbeit   *wie gewohnt.*

■ Regelmäßige Team-Treffen zum gegenseitigen inhaltlichen Austausch über die (Gesprächs)Arbeit mit den Kindern   *1 Stunde pro Woche.*

■ Organisatorisches   *nach Bedarf.*

Die Teamtreffen sind wichtig für die individuelle und kollegiale Reflexion des eigenen pädagogischen Handelns. Ideal wäre es, wenn jede Erzieherin bzw. jeder Erzieher Protokoll über die Gesprächsthemen in der Gruppe führte. Die Protokolle unterstützen die eigene Erinnerung und eröffnen die Chance, die Bildungsthemen der Kinder sicherer zu erkennen und Überlegungen zu ihrem weiteren Fortgang anzustellen. Aufwändiger, aber aussagekräftiger sind Dokumentationsmappen für jedes Kind, in die Sie beispielsweise auch Bilder einlegen können. So ein Portfolio findet auch Verwendung bei der Elternarbeit und wird dem Kind am Ende seiner Kindergartenzeit ausgehändigt. Individuelle Entwicklungsverläufe und die Einzigartigkeit jedes Kindes sind auf diese Weise ideal festzuhalten.

Einstieg nach der Methode des sokratischen Gesprächs

Erinnern Sie sich: Dem Philosophen Nelson sind Sie im Kapitel 2 bereits begegnet, als es um das Menschenbild ging, das diesem Buch zugrunde liegt. Seine Methode des sokratischen Philosophierens habe ich für die Bedürfnisse einer eintägigen Fortbildung mit sozialpädagogischen Fachkräften ein wenig modifiziert.

Die wichtigsten Merkmale

- Das sokratische Gespräch setzt auf die Vernunft aller Menschen als Möglichkeit, mit ihrer Hilfe der Wahrheit im forschenden Nachdenken nach festgelegten Regeln ein Stück näher zu kommen.
- Scheinbare Gewissheiten des Alltags werden kritisch hinterfragt, Aussagen auf ihre Gültigkeit hin überprüft, Begriffsklärungen vorgenommen und neue Erkenntnisse auf ihre Konsensfähigkeit hin getestet.
- Gesprächsziel ist der Konsens in der Gesprächsgruppe.
- Die gefundene und formulierte Antwort auf die bearbeitete Frage gilt als Wahrheit für die Gesprächsgruppe zum jeweiligen konkreten Zeitpunkt.
- Die Antwort ist nicht absolut zu setzen. Damit ergibt sich die Chance, sie immer wieder aufs Neue überprüfen zu können.
- Im sokratischen Gespräch zählt in der Argumentation nur das vernünftige Argument, das durch das eigene Denken entstanden ist. Die Berufung auf die Aussage von Lehrern oder anderen Autoritäten ist nicht gestattet.
- Alle Stimmen sind gleichberechtigt, jede Stimme ist wichtig und zählt.

Das Gesprächsthema

Das Gesprächsthema wird vorgegeben. Gruppen, deren Teilnehmer und Teilnehmerinnen sich gut kennen, können auch selbst ein Thema anregen, das „unter den Nägeln brennt", es kann dann beim Kennenlernen der neuen Methode gleich mit bearbeitet werden.

Die Gesprächsstruktur

Die Themen sokratischer Gespräche zielen häufig auf Wesensbestimmungen ab. Der Weg führt dabei vom konkreten Einzelfall zum Allgemeinen. Entsprechend ist die folgende Verlaufsskizze – nach Detlef Horster[2] – von unten nach oben zu lesen:

---

2 Horster, Detlef: Das sokratische Gespräch in Theorie und Praxis. Opladen: Leske + Budrich 1994.

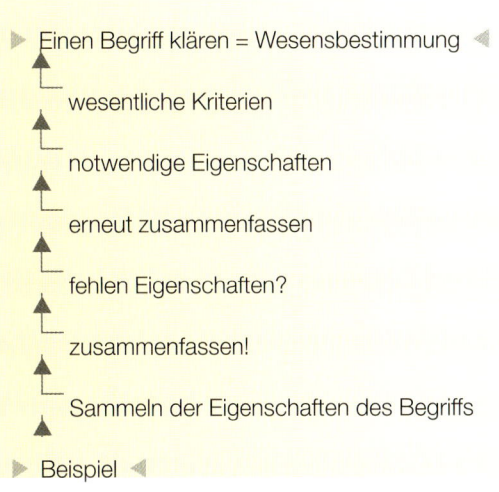

▷ Einen Begriff klären = Wesensbestimmung ◁

    ↑ wesentliche Kriterien

    ↑ notwendige Eigenschaften

    ↑ erneut zusammenfassen

    ↑ fehlen Eigenschaften?

    ↑ zusammenfassen!

    ↑ Sammeln der Eigenschaften des Begriffs

▷ Beispiel ◁

Wie ein Sockel steht am Beginn des Abstraktionsweges das Beispiel. Dies ist immer eine Begebenheit aus dem Erleben einer der Teilnehmenden. Seine/ihre Schilderung ist die Grundlage der gemeinsamen Arbeit am Begriff.

Am Ende der Gedankenarbeit steht in meiner Gruppenarbeit immer ein *Blitzlicht*. Hier können die Teilnehmenden äußern, was an Gedanken zum gerade Erlebten in ihnen „aufblitzt". Auch von mir erstellte Piktogramme, die Freude, Anstrengung, Traurigkeit, Wut ausdrücken, setze ich gern ein, um den Teilnehmenden zu ermöglichen, ihre aktuelle Stimmung spontan zu äußern. Erst danach gehen wir ins so genannte „Meta- oder Strategiegespräch". Das *Metagespräch* kann als das „Gespräch über das Gespräch" bezeichnet werden. Thema ist das Verhalten der Gesprächsteilnehmer und des Gesprächsleiters. Im Metagespräch kann jeder der Teilnehmenden, einschließlich der Leitung, Unmut oder Unzufriedenheit mit dem Gang des Gesprächs, aber auch Freude über Gelungenes mitteilen. Das Metagespräch fordert und fördert die Selbstreflexivität der Beteiligten.

Gesprächsregeln für Gruppe (vereinfacht)

▨ Deine eigene Meinung ist gefragt, darum sprich sie aus!
▨ Verwende kurze und klare Sätze!
▨ Sprich nicht zu lange!
▨ Höre den anderen aufmerksam und genau zu!
▨ Äußere deine ehrlichen Zweifel gleich!

Die Gesprächsleitung äußert sich nicht inhaltlich – und erst recht nicht wertend. Sie

- hält den Gesprächsfluss in Gang (z.B. durch gezielte Fragen);
- achtet auf den „roten Faden";
- sucht stets den Rückbezug auf das Beispiel;
- sorgt für gegenseitige Verständigung.

Beispiel 1

Sokratisches Gespräch zum Thema „Was ist Vertrauen?"

Das Gespräch fand während einer meiner Fortbildungsveranstaltungen zum Thema „Im Gespräch. Philosophieren mit Kindern" im November 2003 statt. Es kann beispielhaft deutlich machen, was in der Praxis geschieht.

Das Einstiegsbeispiel kam von einer der Teilnehmerinnen:

Mein kleiner Sohn ist jetzt vierzehn Monate alt. Er läuft an den Möbeln entlang, an deren Kanten er Halt findet. Aber auf diese Weise erreicht er natürlich nicht alle Gegenstände, die ihn interessieren. Krabbeln will er nicht mehr so gern, seitdem er aufrecht gehend mehr sehen kann und einen besseren Überblick hat. Also streckt er seine Arme nach uns aus. Wir halten ihn an den Händen, und so wagt er sich laufend in den Raum hinein. Ich habe das Gefühl, er lässt bald schon ganz los, denn eine Hand löst er bereits jetzt. Er braucht sie unterwegs, um nach Reizvollem zu greifen. Ich hoffe, er findet das Vertrauen, eigenständig seine Erkundungen vorzunehmen und hat andererseits auch das Vertrauen, auf uns und unsere Hilfe zu setzen. Und das nicht nur beim Laufen lernen, sondern sein ganzes Leben lang.

Auf dem Weg der Abstraktion suchten die Gesprächsteilnehmer nach Eigenschaften, die das Wesen des Vertrauens charakterisieren. Es wurde für und wider argumentiert, Eigenschaften wurden unter einem gemeinsamen Oberbegriff zusammengefasst, fehlende Eigenschaften ergänzt und wiederum Oberbegriffen zugeordnet. Am Ende des Abstraktionsweges verblieben die folgenden, im Konsens gefundenen Merkmale, die „Vertrauen" ausmachen – wohlgemerkt: *Für diese konkrete Gruppe, zu diesem konkreten Zeitpunkt.*

Vertrauen ist …

- Wachsen,
- Verlässlichkeit,
- bezogen auf eine bestimmte Situation,
- die Polarität von Halten und Loslassen,
- die Wechselbeziehung zum Selbstvertrauen,
- Geborgenheit und Schutz,
- Liebe,
- Wahrhaftigkeit.

Für pädagogisch Tätige ist sokratisches Philosophieren eine sehr gute Übung, weil die Selbsttätigkeit des Nachdenkens angeregt wird und im Erkennen ein selbstständiges Verhältnis zur Wirklichkeit entsteht. In der Argumentation ist es notwendig, eine eindeutige Zuordnung von Gedanken und Wort zu leisten, um verstanden zu werden. Individuelle Erkenntnisse, die im sokratischen Gespräch gewonnen werden können, weil Perspektiven und Sichtweisen aufscheinen, die dem eigenen Nachdenken bisher verschlossen waren, bringen nicht nur die behandelte Sache voran, sondern auch jeden einzelnen Menschen. Sokratische Gespräche leisten eine aktive Unterstützung zur Persönlichkeitsbildung. Im Gespräch, das den Konsens anstrebt, gehen die Teilnehmenden besonnen und offen miteinander um. Gemeinsamkeiten treten hervor und werden als etwas Positives wahrgenommen und erlebt – damit wirkt die positive Kraft sokratischer Gespräche in die Gesellschaft hinein.

Für die Kindergarten-Praxis: das logo-sokratische Gespräch

Das logo-sokratische Gespräch vereint Merkmale des sokratischen Gesprächs mit Elementen der logotherapeutischen Gesprächsform. Auch hier, wie im sokratischen Gespräch, versuchen die Gesprächsteilnehmer, mit Hilfe der regressiven Abstraktion der Beantwortung einer Frage durch gemeinsame gedankliche Suche und Argumentation näher zu kommen.

Die Gesprächsstruktur (nach Detlef Horster)

Das logo-sokratische Gespräch eignet sich gut zur Auseinandersetzung mit *Werthaftigkeit,* d.h. mit den einer Entscheidung zugrunde liegenden Werten.

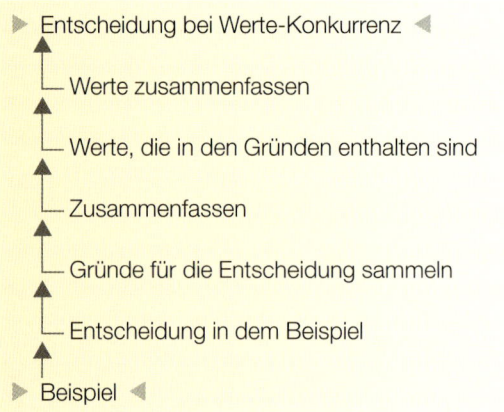

▶ Entscheidung bei Werte-Konkurrenz ◀

└─ Werte zusammenfassen

└─ Werte, die in den Gründen enthalten sind

└─ Zusammenfassen

└─ Gründe für die Entscheidung sammeln

└─ Entscheidung in dem Beispiel

▶ Beispiel ◀

Die graphische Darstellung des logo-sokratischen Gesprächs (nach Barbara Gleitz):

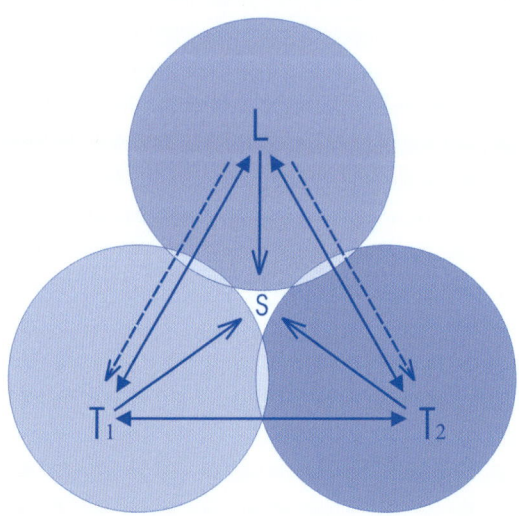

- Im logo-sokratischen Gespräch wird der indirekte Charakter der Gesprächsleitung (L, gestrichelte Linien), wie er für das sokratische Gespräch konstituierend ist, durch die Möglichkeit des gleichberechtigten Gesprächs mit den Teilnehmern (T_1, T_2, …, durchgezogene Linien) ergänzt.
- Alle orientieren sich dabei an der Sache (S).
- Jeder der Gesprächsteilnehmer ist von seinem persönlichen Sinnhorizont umgeben (graue Kreise).
- Ich gehe davon aus, dass durch das gemeinsame Thema, das die Teilnehmerinnen und Teilnehmer bearbeiten, Überschneidungen der Sinnhorizonte entstehen (hellgraue Schnittmengen).
- Diese Sinnüberschneidungen zielen auf den *Logos*, die Sinnhaftigkeit einer Sache.

Eine echte Begegnung im Gespräch beschränkt sich nach Biller nicht auf das bloße „Sich-selbst-zum-Ausdruck-Bringen" im Radius des eigenen Sinnhorizontes. Vielmehr handelt jeder Beteiligte als „Mensch-in-Welt", das heißt, er blickt über den eigenen Sinnhorizont hinaus auf die Vorstellungen und Einstellungen der Gesprächspartner, setzt sich damit auseinander und dazu in Beziehung.

Hier entsteht eine Dynamik, die die Gesprächsteilnehmer u.U. nicht unverändert aus dem Gespräch hervorgehen lässt. Sie haben ihren Sinnhorizont befragt und erweitert, vielleicht bestätigt, vielleicht auch verändert – bis hin zu neuen Handlungsimpulsen.

Beispiel 2

Logo-sokratisches Gespräch zur Frage: „In welchen Situationen muss ich als Erzieher Grenzen setzen?"

Das skizzierte Gespräch fand – im Rahmen der Erzieher(innen)ausbildung einer Fachschule für Sozialpädagogik in Schleswig-Holstein – im März 2003 in einer Unterstufenklasse statt.

Das Thema scheint zunächst nicht viel mit einer philosophischen Fragestellung zu tun zu haben. Es ist normativ ausgerichtet. Dennoch schimmern bei näherer Betrachtung Fragestellungen durch, die tiefere Schichten des Menschseins berühren als die simple Frage, „wann Schluss ist". Letztlich geht es dabei auch um die eigene Identität als Pädagogin/Pädagoge, um das persönliche Berufsethos, um das Verhältnis zu anderen Menschen, die es gilt, in ihrer Eigenart ernst zu nehmen. Wie steht es um mein Selbstverständnis und mein Hoffnungspotenzial, wenn ich, wie in dem nun zu schildernden Fall, mit Jugendlichen arbeite, die mir nicht so freundlich begegnen, wie ich es vielleicht erhofft und erwartet habe?

Eine Teilnehmerin berichtete:

Ich war aus einem kleinen Dorf in Westdeutschland nach Berlin gezogen und dort in einem Freizeitheim im Wedding beschäftigt. Die Art und Weise, wie die männlichen Jugendlichen mich gleich am ersten Tag ansprachen, machte mir zu schaffen. Ständig brüllten sie „He, du alte Sau!" oder „olle Nutte" hinter mir her. Ich habe daraufhin beschlossen, sie nicht zu beachten, wenn sie diesen Umgang mit mir pflegten. Ich habe versucht, ihre Sprüche zu überhören und ihnen stattdessen meinen Namen ruhig genannt. Wenn sie sich freundlich verhielten, habe ich sie durch Aufmerksamkeit und Freundlichkeit bekräftigt.

Die Gruppe wollte sich mit der Entscheidung der Beispielgeberin auseinander setzen, die pöbelnden Jugendlichen nicht zu beachten. Die Gründe dafür wurden zum Teil von der Beispielgeberin, zum Teil auch von anderen Gruppenmitgliedern genannt, die sich in die Situation hineinversetzt hatten und nun Gründe nennen konnten, die auch für die Beispielgeberin (Rückfragen!) stimmig waren.

- Es hat mir die Sprache verschlagen.
- Ich bin spontan in die Situation hineingeschlittert.
- Ich hatte Angst und Herzklopfen.
- Ich wollte aus der Not eine Tugend machen.
- Das Nachdenken kam später.
- Ich habe intuitiv gehandelt.
- Ich wollte mir Respekt verschaffen.
- Ich musste mir einen Zeitvorteil zum Nachdenken verschaffen.

Diese Gründe wurden zum Teil noch weiter aufgeschlüsselt und auf Karten geschrieben, die auf dem Fußboden lagen (siehe weiter unten). So hatten wir unsere Arbeitsergebnisse immer direkt vor Augen. Dass keine wortwörtliche Übernahme der bereits genannten Gründe vorgenommen wurde, zeigt, dass schon in dieser frühen Phase eine bewusste Erweiterung stattfindet: Eigene Einsichten in die Situation werden im gemeinsamen Ringen um Klärung ans Licht gehoben – im Sinne der bereits angesprochenen Maieutik, der Hebammenkunst für geistige Geburten.

Vorsicht ist allerdings bei vorschnellen Interpretationen geboten. Es geht zunächst nur darum, aufzufassen, was *ist*: Bewusstseinsvorgänge oder – in der Sprache der kritischen Philosophie – die innere Erfahrung. Deshalb muss immer Rücksprache mit der Beispielgeberin gehalten werden: Fühlt sie sich wirklich und angemessen verstanden? Sie darf dabei keine Zweifel haben.

Folgende Stichpunkte konnten auf Karten notiert werden:

- Angst haben,
- sich Respekt verschaffen,
- Konflikten aus dem Weg gehen,
- sich abgrenzen,
- psychologisches Wissen anwenden,
- Standhaftigkeit beweisen,
- Gegenüber „entwaffnen",
- nicht aufgeben, sich nicht klein kriegen lassen,
- hilflos sein,
- milieufremd sein.

Als Nächstes suchten wir nach den Werten, die in den genannten Gründen enthalten sind. Ich wies darauf hin, dass die Beispielgeberin angesichts der pöbelnden Jugendlichen eine Vielzahl von Reaktionsmöglichkeiten hatte. Sie konnte wählen.

Eine Teilnehmerin: Mit anderen Worten – sie hätte sich trotz der Gründe, die wir gefunden haben, auch anders entscheiden können!
Die Leiterin: Das hätte sie durchaus. Ein Gespräch wie dieses erlaubt es uns, auch Alternativen zu erwägen und auf zukünftige Konfliktsituationen hin zu durchdenken.

Die Gesprächsteilnehmer werden ermutigt, im Nachdenken über Werte nicht nur den realen „Fall", sondern – spekulativ – auch die verschiedenen Möglichkeiten im Vorfeld einer Entscheidung herauszuarbeiten. Dabei ist es nützlich, zu erspüren, welche Gefühle die Betroffene bewegen mögen – und zwar nicht um eigene Befindlichkeiten zu spiegeln, sondern um zu entdecken, ob die vorausgesetzten Emotionen und Motive bestimmte Entscheidungen und Verhaltensweisen nahe legen.

Das Gespräch erfährt dabei eine fruchtbare Erweiterung. Es bietet größere Identifikationsmöglichkeiten. Der Fokus ruht nicht mehr allein auf der Beispielgeberin. Die Teilnehmer überlegen, wie sie in ähnlichen Situationen zukünftig handeln wollen und inwieweit ihre Entscheidung dann sinnvoll wäre.

Dabei helfen die folgenden Fragen:

- Was wäre, wenn (Name) anders reagiert hätte, z.B. gereizt, verzweifelt?
- Was könnte sein?
- Hattest du, (Name), das Gefühl, dass du aus der geschilderten Situation herauskommen konntest?
- Was sollte sein (als du dich für deine Handlungsweise entschieden hast)?

Um die in den Gründen enthaltenen Werte zu formulieren, sollte man wiederum folgendermaßen fragen:

- Was war/ist für dich wertvoll?
- Was war das Schlimmste in der Situation?
- Hattest du das Gefühl, dass du im Laufe der Zeit mit den Jugendlichen besser zurechtkommen konntest?

Von den Teilnehmern des Gesprächs konnten folgende Werte erkannt und auf Karten notiert werden:

- Die Beispielgeberin wollte ihr Selbstwertgefühl nicht verlieren.
- Der sprachliche Umgang zwischen der Beispielgeberin und den Jugendlichen sollte auf gegenseitiger Achtung basieren.
- Die Beispielgeberin hat in ihrer Funktion als Mitarbeiterin eines Jugendzentrums einen Erziehungsauftrag, dem sie nachkommen will.
- Die Beispielgeberin hat für die Jugendlichen eine Vorbildfunktion, deshalb darf sie beispielsweise nicht „zurückpöbeln".
- Die Beispielgeberin wollte die Würde der Jugendlichen respektieren und sie nicht bloßstellen, indem sie sie auf ihre Schwächen aufmerksam macht.
- Die Beispielgeberin hoffte auf Anerkennung durch die Jugendlichen. Indem sie ruhig blieb und später positive Verhaltensweisen der Jugendlichen verstärkte, trug sie zu einer angenehmen Atmosphäre, die nicht durch aggressive Verhaltensweisen belastet war, in dem Jugendzentrum bei.

Besonders die beiden letzten Punkte weisen in die Zukunft, die durch die Beispielgeberin mit gestaltet wird.

In einem letzten Arbeitsschritt fasste die Gesprächsgruppe die Werte, die im Beispiel eine Rolle gespielt hatten, in allgemeineren Kategorien zusammen:

- Vorbildfunktion,
- Selbstwert,
- Anerkennung,
- angenehme Atmosphäre,
- respektvoller Umgang miteinander.

Diese Werte lassen sich um einen gemeinsamen Kernpunkt gruppieren, nämlich den Erziehungsauftrag der Einrichtung, den die Erzieherin zu verwirklichen mithilft. Auf eine Wertehierarchie wurde von den Teilnehmern bewusst verzichtet, betont wurden der innere Zusammenhang und das gegenseitige Sich-Bedingen der genannten Werte.

Wie dem sokratischen Gespräch so folgen auch dem logo-sokratischen Gespräch ein Blitzlicht/Stimmungsbarometer und ein Metagespräch. Besonders Blitzlicht und Stimmungsbarometer sind für eine wertvolle methodische Ergänzung des sokratischen und des logo-sokratischen Gesprächs. Denn die spontanen Äußerungen der Teilnehmer sind näher am Erleben als die mit Überlegung und Bedacht formulierten Aussagen im Metagespräch.

7 | Wie sage ich es den Eltern?

Nicht neu, aber umso beherzigenswerter ist die Grundregel allen pädagogischen Bemühens im Kindergarten: Ohne Eltern geht es nicht! Eine ganzheitliche Pädagogik der frühen Kindheit gelingt nur im Zusammenspiel mit den Eltern. Bildung ist, recht verstanden, ein sozialer Prozess, in den Kinder, Eltern und Erzieher gestaltend und mitverantwortlich einbezogen sind.

Allerdings ist die Zusammenarbeit nicht immer einfach und gelingt auch nicht immer zur Zufriedenheit aller. Häufig sind es strukturelle Schwierigkeiten, wie eine dünne Personaldecke in den Einrichtungen, die die so wichtigen Tür- und Angelgespräche mit Müttern und Vätern erschweren, weil in dieser zwar kurzen, aber dennoch voll den Eltern gewidmeten Zeit niemand die Aufsicht über die Gruppe führen kann und die Kinder bei ihren Tätigkeiten begleitet. Manchmal ist es auch die notwendig straffe Zeiteinteilung der berufstätigen Eltern, die für einen nur äußerst kurzen Aufenthalt in der Kindertagesstätte zum Bringen und Abholen der Kinder verantwortlich ist. Oder die Eltern können nicht selbst kommen und Tagesmütter besorgen den Weg zum Kindergarten.

Auch deshalb hat neben den Festen und Feiern, die das Kindergartenjahr begleiten, der Elternabend nach wie vor eine große Bedeutung. Er bietet die Chance, dass sich Erzieherinnen und Eltern besser kennen lernen und die pädagogische Arbeit transparent gemacht werden kann. Ein sorgfältig vorbereiteter und mit Engagement durchgeführter Elternabend bietet die Chance, die Kindergarteneltern über aktuelle Projekte des Kindergartens zu informieren und sie zur Zusammenarbeit zu ermutigen, sie „mit ins Boot zu holen".

So soll es in diesem Kapitel darum gehen, mit welchen methodischen und planerischen Schritten Sie einen Elternabend zum Thema „Philosophie mit Kindern" in Ihrer Einrichtung durchführen können. Dabei handelt es sich natürlich nur um Anregungen und Vorschläge. Den für Ihren Kindergarten und Ihre Elternschaft genau passenden Elternabend können nur Sie planen!

In einer Checkliste ist zusammengestellt, worauf Sie unbedingt achten sollten:

Schritt 1: Ziel und Inhalt klar nennen

Was will ich erreichen? Welche Inhalte will ich transportieren / vermitteln?

Eine grundsätzliche Arbeit in der Vorbereitung des Elternabends ist die Formulierung von Zielen. Formulieren Sie wie in der Gruppenarbeit.

Richtziele, z.B.:

▪ Einbeziehung von Kindergarteneltern.
▪ Der Kindergarten ist eine Bildungseinrichtung.

Grobziele, z.B.:

▪ Eltern werden in die Planung und Durchführung von größeren Projekten in der Kindertagesstätte einbezogen.
▪ Erzieherinnen und Erzieher erarbeiten ein Einrichtungskonzept, dessen Schwerpunkte Elemente frühkindlicher Bildung sind.

Feinziele, z.B.:

▪ Eltern und Erzieherinnen finden gemeinsam ein Projektthema.
▪ Alle Kindergarteneltern kennen das Thema des nächsten geplanten Projektes.
▪ Eltern und Erzieherinnen treffen sich regelmäßig im Abstand von vier Wochen zum Gruppen-Elternabend.
▪ Die Eltern wissen, wie die Erzieherinnen die Kinder an philosophische Gespräche heranführen wollen.
▪ Die Eltern kennen Formen philosophischer Gespräche mit Kindern.
▪ Die Eltern kennen die „großen" Fragen der Kinder und können sie formulieren.
▪ Die Eltern können sich in kleinen Gruppen über die Fragen ihrer Kinder austauschen.
▪ Die Eltern entwickeln Ideen, wie sie zu Hause Gespräche initiieren oder förderlich auf die Fragen und Gedanken ihrer Kinder eingehen können.

An diesen Zielen richten Sie in einer späteren Planungsphase Ihre methodischen Überlegungen aus.

Schritt 2: Das Wer-wo-wann klären

Sie möchten mit den Eltern über das Philosophieren mit Kindern sprechen. Wahrscheinlich werden Sie einen *Stuhlkreis* als Sozial-/ Gesprächsform wählen, so dass alle Teilnehmenden Blickkontakt haben und keine Barrieren, wie z.B. Tische, den Gesprächsfluss blockieren. Der Raum sollte also nicht zu klein gewählt werden. Welche *Lichtverhältnisse* herrschen am Abend? Gibt es „warme" Lichtquellen? Kaltes Neonlicht schafft keine Atmosphäre. Benötigen Sie *Medien*? Möchten Sie vielleicht eine Filmsequenz aus dem Gruppenalltag mit Kindergesprächen zeigen, die die Eltern auf das Thema des Abends einstimmen und Sie zur Mitarbeit motivieren? Wenn der Elternabend im Sommer stattfindet und die Einrichtung ein schönes Außengelände hat – warum nicht einmal draußen tagen?

Schritt 3: Die Eltern einladen

Laden Sie zum Elternabend unbedingt persönlich und schriftlich ein. Eine mündliche Einladung oder ein unverbindlicher Zettel am schwarzen Brett reichen nicht. Es ist auch ein Zeichen der Wertschätzung der Eingeladenen, eine Einladung formgerecht aufzusetzen. Aus diesem Grunde schreiben Sie die Einladung wenn möglich nicht mit der Hand!

Eltern sind erwachsene Menschen, die keine „niedlich" aufgemachte Einladung benötigen. Professionalität der Erzieherinnen und Erzieher drückt sich auch im souveränen Umgang mit neuen Medien aus. Wenn Sie die Nähe zum Kind in der Einladung betonen wollen, fügen Sie lieber eine Kinderzeichnung bei.

Schritt 4: Sich in das Thema einarbeiten

Neben dem Besuch einer Fortbildung zum Thema „Philosophieren mit Kindern" sollten Sie sich mit entsprechender Literatur vertraut machen. Hier eine Auswahl an Titeln, die für Ihre Arbeit von Bedeutung sein können:

Freese, Hans-Ludwig: *Kinder sind Philosophen*. Weinheim, Berlin: Quadriga-Verlag 1989.
Loska, Rainer: *Lehren ohne Belehrung. Leonard Nelsons neosokratische Methode der Gesprächsführung*. Bad Heilbrunn: Klinckhardt 1995.

Lukas, Elisabeth: *Lehrbuch der Logotherapie. Menschenbild und Methoden.* München, Wien: Profil Verlag 2002.
Nelson, Leonard: *Die sokratische Methode.* Kassel: Weber, Zucht & Co. 1987.
Schreier, Helmut: *Nachdenken mit Kindern. Aus der Praxis der Kinderphilosophie in der Grundschule.* Bad Heilbrunn: Klinkhardt 1999.
Weimer, Alois: *Spuren des Denkens. Geschichten um Philosophen.* Frankfurt am Main: Diesterweg 1993.

Auch Aufsätze zum Thema in den Fachzeitschriften, die Ihre Einrichtung bezieht, sollten Sie auf Ihre persönliche Lektüreliste setzen. Sehr ertragreich kann es sein, wenn mehrere Mitarbeiterinnen das gleiche Buch lesen, um anschließend darüber ihre Gedanken und Meinungen auszutauschen. Überlegen Sie auch, welche Bücher oder Artikel Sie den Eltern empfehlen möchten. Ein Büchertisch am Elternabend ist informativ und lädt zum „Stöbern" ein.

 Schritt 5: Den Ablauf planen

Grundsätzlich lässt sich ein Elternabend in drei Teile gliedern:

- Einführung
- Hauptteil
- Schluss

Zur *Einführung* gehört die Begrüßung der Eltern. Um Verbindlichkeit und persönliche Wertschätzung deutlich werden zu lassen, sollten Sie die Eltern nach ihrem Eintreffen persönlich begrüßen und ihnen die Hand geben sowie eine kurze Unterhaltung mit ihnen führen. So geben Sie auch neuen Kindergarteneltern das Gefühl, in Ihrer Einrichtung willkommen zu sein. Es folgt eine Begrüßung für alle Eltern. Hier haben Sie u.a. Gelegenheit, Ihre Freude über das Kommen der Eltern auszudrücken, über den Verlauf des Abends kurz inhaltlich und methodisch zu informieren sowie um die Bereitschaft der Eltern zu bitten, sich aktiv einzubringen.

Im *Hauptteil* stellen Sie dann den geplanten Verlauf des Abends detailliert dar. Bitten Sie die Eltern um Stellungnahme bzw. um ihr Einverständnis zu Ihrer Planung. Der Elternabend ist ja *für* die Eltern, deshalb sollte an ihrer Motivation nicht vorbei gehandelt werden.

Ein Elternabend zum Philosophieren mit Kindern sollte hauptsächlich vom eigenen Tun der Eltern getragen sein. So wie Sie während Ihrer Fortbildung das Philosophieren „am eigenen Leibe" erfahren haben, sollten Sie den Kindergarteneltern die Möglichkeit geben, innerhalb kleiner Gesprächsgruppen über die typischen Fragen ihrer Kinder gemeinsam nachzudenken.

Die Eltern werden entdecken, dass sie nicht allein sind mit den schwierigen Fragen ihrer Kinder, dass auch andere Eltern manchmal nicht weiter wissen und um Antworten verlegen sind. Sie erfahren aber eventuell auch, wie andere Eltern zu befriedigenden Gesprächsverläufen mit ihren Kindern kommen. Schön wäre es, wenn Sie die Eltern dazu motivieren könnten, über ihre Erfahrungen in der Gruppe später vor allen zu sprechen, so dass ein einheitlicher Wissenstand über die Gesprächsergebnisse und -erlebnisse in den Gruppen erzielt werden kann.

Machen Sie deutlich, dass auch Sie häufig staunend vor den Fragen der Kinder stehen. Sie können nun auf die Vorteile einer Gesprächsgemeinschaft hinweisen. Das gemeinsame Nachdenken eröffnet dem Einzelnen neue Perspektiven und Sichtweisen und birgt die Chance, neue Erkenntnisse zu gewinnen. Erläutern Sie Ihre Rolle als lernende Erzieherin und machen Sie auch den Eltern diesbezüglich Mut! Niemand kann alles wissen, und es gibt Bereiche des Lebens, die Menschen niemals werden erfassen können. Das gemeinsame Nachdenken aber ist immer fruchtbar, die Erkenntnis, dass der Mensch nicht über göttliches Wissen verfügt, sich aber im Glauben auf Gott der Welt und ihren Rätseln ausliefern darf, stärkt unseren Mut und unsere Zuversicht.

Es kann sinnvoll sein, Elemente aus der Gruppenarbeit, wie sie im nächsten Kapitel vorgestellt werden, in den Elternabend zu integrieren. Je deutlicher den Eltern das Thema des Philosophierens mit Kindern wird, desto leichter fällt es ihnen, die pädagogische Arbeit des Kindergartens mitzutragen, zu unterstützen und zu Hause mit ihren Kindern fortzuführen. Wenn dann auch alle noch auftretenden Fragen geklärt sind, eventuelle Bedenken ausgeräumt werden konnten und die geplante Arbeit insgesamt transparent und nachvollziehbar geworden ist, können Sie diesen Teil des Abends beenden.

Der *Schluss* des Elternabends sollte eine kurze Zusammenfassung des Abends enthalten. Haben Sie im Hauptteil des Abends Visualisierungstechniken eingesetzt, so arbeiten Sie sich jetzt mit ihrer Hilfe noch einmal durch das Geschehen. Die Visualisierung von Ergebnissen mit Hilfe von Karten auf Pinnwänden, Folien für den Overhead-Projektor oder Präsentationen am Computer hat den Vorteil, dass nichts vergessen werden kann. Die Ansprache mehrerer Sinneskanäle sorgt zudem für besseres Verstehen und höhere Merkfähigkeit. Formulieren Sie ausgehend vom Ist-Zustand des Abends auch Perspektiven für die nächste Zukunft und betonen Sie die wichtige Position, die die Eltern im gemeinsamen Bemühen um die Kinder im Kindergarten innehaben. Bedanken Sie sich für die Mitarbeit und beschließen Sie den Abend mit einigen freundlichen Worten.

 **Schritt 6: Auswerten**

Was ist gut gelaufen? Was war nicht so gut und sollte geändert werden? Wie habe ich mich als Erzieherin präsentiert? Wie schätze ich die Reaktion der Eltern ein? Waren sie zufrieden mit der Form und den Inhalten des Elternabends? Konnte ich sie erreichen? Wie haben wir als Team den Kindergarten repräsentiert? Wie gut konnten wir zusammenarbeiten?

In möglichst kurzem zeitlichem Abstand sollten Sie mit der Auswertung des Elternabends beginnen. Sie dient dazu, das Gewesene zu reflektieren, eigenes Verhalten zu analysieren und einer Bewertung zu unterziehen. Manchmal ist es nützlich, Kolleginnen dazuzubitten, die selbst nicht beim Elternabend anwesend waren. Schildern Sie ihnen Ihre Eindrücke und bitten Sie sie um ihre Meinung. Eine andere Sicht auf das Geschehen hilft, eigene „blinde Flecken" zu erkennen und emotional aufgeladene Situationen zu relativieren und damit zu entschärfen. Wenn Sie in Ihrer Einrichtung regelmäßig kollegiale Supervisionen durchführen, nutzen Sie auch diese Chance, für Sie unklare oder belastende Situationen zu entschärfen und in positive Energie zu verwandeln!

Schritt 7: Das Vorhaben öffentlich machen

Wenn Sie im Philosophieren mit Kindern schon geübt sind, die Arbeit in ihrer Einrichtung gut läuft und alle Beteiligten zufrieden mit dem Erreichten sind, dann kann es sinnvoll sein, die eigenen Aktivitäten über die Einrichtung hinaus im Gemeinwesen bekannt zu machen. Veranstaltungen zum Thema „Philosophieren mit Kindern" interessieren sicher auch Eltern außerhalb ihrer Einrichtung. Die Lokalpresse ist in den meisten Fällen gern bereit, auf entsprechende Termine hinzuweisen. Gibt es in Ihrer Nähe weitere Einrichtungen der Jugendhilfe, mit denen Sie Gewinn bringend zusammenarbeiten könnten? Arbeitskreise, Erfahrungsaustausch und gemeinsame Fortbildungen erleichtern den „Blick über den Tellerrand" und bündeln Ressourcen für die bestmögliche pädagogische Arbeit.

8 | Philosophieren im Morgenkreis – Die Arbeit in der Gruppe

Gruppengröße und Alter der Kinder

■ *Alltäglich.* Philosophie im Kindergarten sollte so gut wie möglich in das alltägliche Gruppengeschehen eingebettet sein. So erfahren die Kinder, dass nachdenken und miteinander sprechen an keine bestimmte Zeit oder an ein bestimmtes Vorhaben gebunden sind. Ihre Fragen und Gedanken gehören zum Leben in der Gruppe immer dazu.

Yannik

■ *Ab vier Jahre.*
Bei der Zusammensetzung und der Größe der Kindergruppe sollte beachtet werden, dass Kinder unter vier Jahren noch nicht in der Lage sind, philosophische oder nachdenkliche Gespräche zu führen. Das liegt zum einen an ihrem noch geringen Schatz an Erfahrungen, zum anderen am fehlenden Abstraktionsvermögen, das in diesem Alter erst ausgebildet wird. Die meisten Kinder dieses Alters kennen auch noch nicht genügend Wörter, um ihre Anliegen auszudrücken. Meine Erfahrungen haben gezeigt, dass die besten Ergebnisse im Sinne fruchtbarer Gespräche mit den älteren Kindergartenkindern erzielt werden können.

■ *Nicht mehr als acht.* Damit alle Kinder zu Wort kommen und die Vielfalt der Meinungen und Ansichten überschaubar bleibt, sollte die Gruppenstärke für philosophische Gespräche im Kindergarten acht Personen nicht überschreiten. Diese Anzahl Gesprächspartner, die Erzieherin eingeschlossen, ermöglicht eine ausreichend breite Gedanken- und Argumentationsvielfalt, gewährleistet aber auch einen intimen Rahmen, der Geborgenheit vermittelt. Das Gefühl, gut aufgehoben zu sein, ist eine unerlässliche Voraussetzung dafür, dass Kinder sich öffnen und über ihre Einschätzungen und Erlebnisse sprechen mögen.

Atmosphäre schaffen

Ein ruhiger Raum, nicht zu groß und nicht zu klein, ein weicher Teppich oder Matratzen auf dem Fußboden sowie angenehme Lichtverhältnisse tragen viel zu einer anregenden Gesprächsatmosphäre bei. Mit bunten Tüchern aus Chiffon lassen sich Bereiche mit ablenkendem Spielzeug abteilen und außerdem reizvolle Lichteffekte erzielen.

Stille- und Hörübungen

Empfinden Sie die Lautstärke in der Gruppe manchmal als nervtötend, kaum auszuhalten? Müssen Sie schreien, damit Kinder in zwei Metern Entfernung Sie verstehen können? Und gellen Ihnen die Ohren, wenn Sie nach Feierabend nach Hause kommen, so dass Sie erst einmal nichts als Ruhe haben möchten? Geht es den Kindern in Ihrer Gruppe vielleicht genauso? Lärm, auch „menschlicher", ist gesundheitsschädlich! Folgen können Hörschäden, Tinnitus, Erschöpfungszustände, Burn-out-Syndrom und Herz-Kreislauf-Erkrankungen sein. Langfristig beeinträchtigen Lärm- und Schallbelästigungen das sprachliche Kurzzeitgedächtnis und damit das Verstehen von Sprache. Tun Sie sich und den Kindern etwas Gutes und sorgen Sie für Zeiten der Stille. Und für unser Thema, die Philosophie mit Kindern, gilt: Zuhören und einander verstehen können, die Stille des Bedenkens, bevor die Antwort im eigenen Tun erfolgt, sind die wichtigsten Voraussetzungen für ein Gespräch. Dazu brauchen Kinder und Erwachsene sensible Ohren. Ohren, die die Stille kennen gelernt haben und gelernt haben, sie zu genießen. Schaffen Sie in Ihrer Gruppe mit einfachen Mitteln die Voraussetzungen dafür.

 Schritt 1

Damit es im Team mit den Kolleginnen nicht zu Missverständnissen und vermeidbaren Störungen kommt, teilen Sie allen mit, wann Sie für Ihre Gruppe Stilleübungen einplanen. Im Sinne einer Rhythmisierung des Tages- und Wochenablaufs haben sich in der Praxis feste Zeiten dafür bewährt.

Schritt 2

Der Gruppenraum sollte etwas abgedunkelt werden. Je weniger Reize auf die Kinder einströmen, desto besser können sie „nach innen" hören. Legen Sie bequeme Matten aus, auf denen sich die Kinder entspannen können.

Schritt 3

Ganz entspannt…

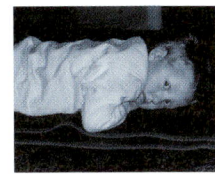

Zur Ruhe kommen. Bieten Sie den Kindern an, die Augen zu schließen. Nicht alle werden sich darauf einlassen können. Jedes Kind macht so viel, wie es sich zutraut.

Schritt 4

Der schwierigste Teil beginnt. Bitten Sie die Kinder, nicht zu sprechen und auf die Geräusche zu achten, die aus dem Raum und von draußen an ihr Ohr dringen. Tickt die Uhr des Gruppenraumes plötzlich hörbar laut? Rauschen die Bäume im Garten, singen die Vögel? Vielleicht hören die Kinder auch den Verkehr, 63

Erzieherin und Junge im Gespräch

weil ihre Einrichtung an einer belebten Straße liegt. Manche hören sicher auch nach innen und nehmen plötzlich ihren Herzschlag wahr oder hören das Blut in ihren Adern rauschen. Wie viel Zeit Sie für diesen Schritt 4 einplanen sollten, hängt davon ab, ob Ihre Kinder bereits gute Hörer sind. Auch ein gewisser Trainingseffekt lässt sich beobachten. Nach und nach finden die Kinder immer mehr Gefallen an den Übungen und freuen sich auf die angenehme „Auszeit". Die Kinder meiner Gruppe, die an diese Art von Stille- und Entspannungsübungen gewöhnt waren, fragten sie sogar regelmäßig bei mir nach, so dass wir etliche „Extratermine" dafür eingeräumt haben.

 Schritt 5

Die Kinder richten sich langsam auf und berichten der Reihe nach, was sie gehört haben. Dabei üben sie, einander genau zuzuhören und nachzufragen, wenn sie etwas nicht verstanden haben.

Das musikalische Gespräch

Gespräche mit Worten zu führen, ist schwierig. Gedanken blitzen auf, manche Kinder können nicht abwarten, sondern müssen sofort sprechen und alles loswerden. Vielleicht sagt ein Kind auch etwas, das für ein anderes nicht stimmig ist. Bevor dieses Kind fertig ist, wird es unterbrochen. Es gibt auch Kinder, die lieber gar nichts sagen. Oft ist es für die Erzieherin schwierig herauszufinden, was diese Kinder denken, ob sie eine Sache gern mögen, sie verabscheuen oder andere Vorschläge dazu haben. Gruppenalltag, ganz normal, werden Sie sagen, nichts Neues. Kinder sind impulsiv und temperamentvoll, und das sollen sie auch sein. Es gehört zu ihrer Entwicklung. Aber unter diesen Voraussetzungen längere Gespräche mit einer Kindergruppe zu führen, ist oft schwierig bis unmöglich. So geht manches verloren, das zu seiner Entfaltung mehr Zeit und Ruhe gebraucht hätte. Das musikalische Gespräch ist eine Übung für die Gruppe, Gesprächsverhalten zu trainieren, das auch der Bearbeitung größerer Themen angemessen und förderlich ist. Hören, sich äußern und einander verstehen sind auch hier die Kernelemente des gemeinsamen Tuns.

Musikalisches Gespräch. Vorschlag 1

Material

Variante a: keins
Variante b: keins
Variante c: Steine oder große Nüsse

Ablauf

Die Kinder sitzen im Kreis. Ein Kind, das vorher bestimmt wurde, klatscht in die Hände. Dabei schaut es ein anderes Kind an. Dieses antwortet möglichst im selben Rhythmus.

Variante a

Die Antwort ist ein neuer Klatschrhythmus.

Variante b

Die Kinder im Kreis verständigen sich mit Blicken darüber, wer mit Klatschen (entweder imitierend oder frei) antwortet.

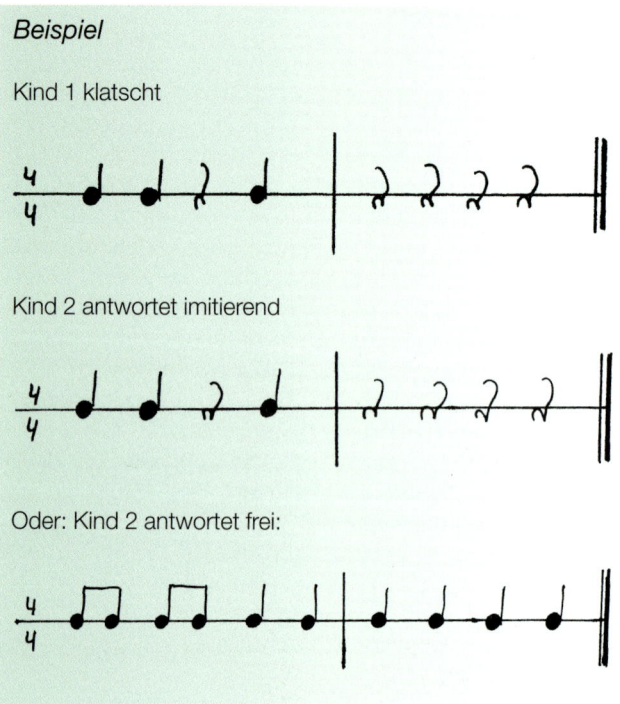

Beispiel

Kind 1 klatscht

Kind 2 antwortet imitierend

Oder: Kind 2 antwortet frei:

Variante c

Die Kinder schlagen den Rhythmus mit Steinen oder großen Nüssen.

Musikalisches Gespräch. Vorschlag 2

Material

Orff-Instrumentarium

Ablauf

Die Kinder sitzen im Kreis. Jedes Kind hat ein Orff-Instrument. Gleiche Instrumente musizieren gleichzeitig. Welche Instrumente an der Reihe sind, bestimmen Sie oder ein Kind der Gruppe. Innerhalb der Instrumentengruppe sollen sich die Kinder über das Ende ihres Musizierens einigen. Sie können dies über Blicke oder mit ihren Instrumenten ausdrücken. Dann ist eine andere Instrumentengruppe dran.

Beispiel

	Trommel	
Klangstäbe	Trommel	
Klangstäbe		Xylophon
		Xylophon

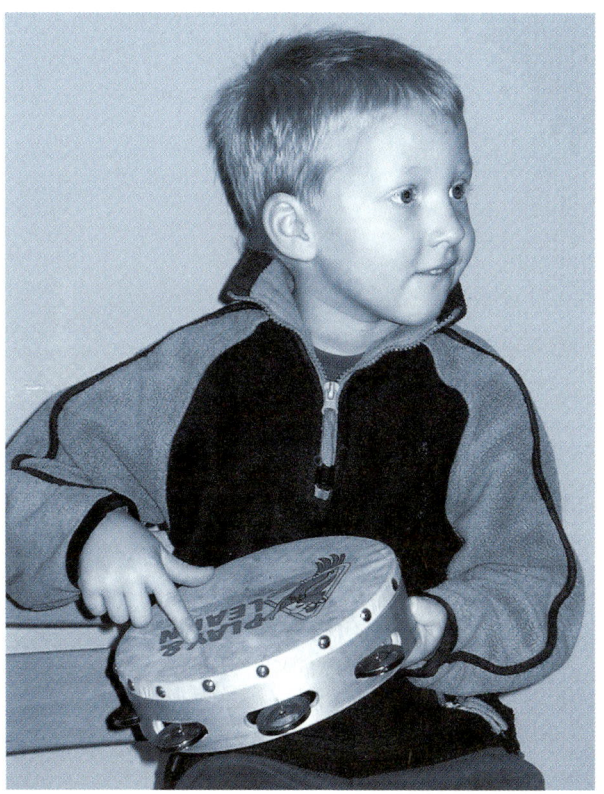

Kind mit Tambourin

Musikalisches Gespräch. Vorschlag 3

Material

Orff-Instrumentarium

Ablauf

Die Kinder sitzen im Kreis. Jedes Kind hat ein Orff-Instrument. Die Kinder spielen nacheinander, so wie sie sitzen. Ein Kind oder Sie bestimmen, wer beginnt. Jedes Kind darf erst dann spielen, wenn der letzte Ton des Instruments seines Vorgängers verklungen ist.

Höraufgabe

Welche Instrumente klingen besonders lange nach?

Musikalisches Gespräch. Vorschlag 4

Material

Orff-Instrumentarium

Höraufgabe

Es geht darum, nicht laut, sondern sehr leise zu spielen. Wann ist ein Instrument noch zu hören?

Diese musikalischen Gespräche lassen sich nach Bedarf weiter variieren. Zum Beispiel kann auch gesungen werden. Ein Kind beginnt mit den ersten Takten einer in der Gruppe bekannten Melodie oder eines Liedes, ein anderes Kind setzt sie fort usw. Kinder können auch Melodieanfänge erfinden, die dann fortgesetzt werden. Ihrer und der Phantasie Ihrer Kinder sind keine Grenzen gesetzt. Grundsätzlich sollten die Kinder dazu angehalten werden, sich gegenseitig zuzuhören.

Gesprächsanlässe aufgreifen und bieten

So wie Kinder das Sprechen durch das Sprechen lernen, kann auch für die Gesprächserziehung im Kindergarten gelten: Gespräche, auch philosophische, zu führen lernen Kinder, indem sie sie im Kreise anderer Kinder und Erwachsener führen.

■ *Konkrete Fragen.* Die Gesprächsanlässe können dabei vielfältiger Art sein: Fragen, die die Kinder an sich und ihre Erzieherin stellen, weil sie sie bewegen, Fragen, die die Erzieherin an die Kinder hat, weil sie die Sicht der Kinder ihrer Gruppe zu einem bestimmten Thema interessiert. Ganz wichtig ist, dass Erzieherinnen und Erzieher sorgfältig darauf achten, welche Fragen die Kinder stellen, um sie möglichst umfassend zu beantworten. Das Gespräch mit Vorschulkindern ist immer konkret-anschaulich, jedes Kind stellt seine ganz persönlichen Fragen. Kinder können in diesem Alter noch keine Abstraktionsleistungen erbringen. Daher haben sie in diesem Alter auch ein konkretes Gottesbild, sie „glauben praktisch".

■ *Gesprächsführung.* Kinder im Vorschulbereich sind noch nicht gut in der Lage, ein Gespräch unter Gleichaltrigen zu führen. Sie wenden sich mit ihren Argumenten meistens an die Erzieherin. Im Grundschulalter kann die erwachsene Person mehr in den Hintergrund treten und eine lenkende Funktion einnehmen. Sie achtet dann darauf, dass die Kinder nicht zu weit vom Thema abschweifen, erinnert gegebenenfalls an die Gesprächsregeln und hält durch Zwischenfragen einen ins Stocken kommenden Gesprächsfluss lebendig.

■ *Offenes Ergebnis.* Wenn Sie als Erzieherin oder Erzieher ein Thema an die Kinder herantragen, sollten Sie sich darüber im Klaren sein, dass Sie den Verlauf des Gespräches nicht vorherbestimmen können. Das Ergebnis des Gespräches ist offen. Niemals dürfen Sie den Kindern Ihre Sicht der Dinge aufdrängen oder Gedanken gar mit „richtig" oder „falsch" beurteilen. Respekt und Achtung vor den Gefühlen und Gedanken jedes Kindes sowie das geduldige Ertragen jedes Umweges, 69 den das Gespräch nimmt, sind Voraussetzung. Wichtig ist auch Ihre Einstellung zum Zuhören:

> Was die kleine Momo konnte wie kein anderer, das war: Zuhören. Momo konnte so zuhören, daß dumme Leute plötzlich auf sehr gescheite Gedanken kamen. Nicht etwa, weil sie etwas sagte oder fragte, was den anderen auf solche Gedanken brachte, nein, sie saß nur da und hörte einfach zu, mit aller Aufmerksamkeit und Anteilnahme. Sie konnte so zuhören, daß ratlose Leute auf einmal ganz genau wußten, was sie wollten. Oder daß Schüchterne sich plötzlich frei und mutig fühlten. Oder daß Unglückliche und Bedrückte zuversichtlich und froh wurden. Und wenn jemand meinte, sein Leben sei ganz verfehlt und bedeutungslos und er selbst nur irgendeiner unter Millionen, einer, auf den es überhaupt nicht ankommt und der ebenso schnell ersetzt werden kann wie ein kaputter Topf – und er ging hin und erzählte alles das der kleinen Momo, dann wurde ihm, noch während er redete, auf geheimnisvolle Weise klar, daß er sich gründlich irrte, daß es ihn, genauso wie er war, unter allen Menschen nur ein einziges Mal gab, und daß er deshalb auf seine besondere Weise für die Welt wichtig war. So konnte Momo zuhören!
>
> *Michael Ende, Momo*

Geschichten zum Mit-, Nach- und Weiterdenken

Kleine Geschichten, wie sie in Kapitel 9 vorgeschlagen werden, sollen beispielhaft Hilfe und Anregung für initiierte Gespräche mit den Kindern in Ihrer Gruppe bieten. Sie können sie vorlesen oder nacherzählen. Sie sind bewusst aus unterschiedlichen Bereichen des menschlichen Lebens und der menschlichen Erfahrung zusammengetragen; dennoch sind sie natürlich nur ein winziger Ausschnitt aus dem, was möglich ist. Alles Weitere ist Ihnen und Ihrer Schöpferkraft überlassen. Die hier abgedruckten Geschichten können Sie selbstverständlich den Erfordernissen Ihrer Gruppe anpassen, indem Sie beispielsweise die Wortwahl ändern, Kürzungen oder Textumstellungen vornehmen.

Übrigens sind die Gespräche, die die Praxisbeispiele der Kapitel 1 bis 3 dokumentieren, von solchen Denk-Geschichten angestoßen worden (Vorschlag 7, 8 und 11). Aber wie gesagt: Jedes Gespräch verläuft anders und ist ein neues Abenteuer. Vertiefende und weiterführende Materialien finden Sie im Kapitel 10.

Wenn Worte nicht reichen …

Das Philosophieren mit Kindern erfährt im Vorschulbereich natürliche Grenzen: Im Alter von fünf oder sechs Jahren verfügen Kinder in der Regel über noch keinen großen Erfahrungsschatz, und ausgefeilte Problemlösungsstrategien stehen ihnen noch nicht zur Verfügung. Der Wortschatz ist nicht allzu groß. Kinder im Vorschulbereich denken in ganz konkreten Bildern. Dennoch sind Kinder, wie wir gesehen haben, in diesem Alter sehr gut in der Lage, mit Hilfe ihrer phantasiereichen Einbildungskraft äußerst originäre Konzepte, Vorstellungen und Ideen zu entwickeln, um sich das, was ihnen rätselhaft ist, zu erklären und eine Ordnung in die verwirrenden Erscheinungen der Welt zu bringen. Um dieses „stumme" Wissen, das nur bruchstückhaft sprachlich artikuliert werden kann, ans Licht zu holen, kann gut auf kreative Ausdrucksmöglichkeiten zurückgegriffen werden. Dazu zählen Basteln, Malen, Kneten, mimische Darstellungen usw.

Malendes Kind

Darstellen, auf welche Art auch immer, heißt auch *klarstellen,* heißt, sich in der schrittweisen kreativen Annäherung an ein Thema eigenen Antworten auf meine Fragen zu nähern. Das gilt für Kinder wie für Erwachsene gleichermaßen. In meiner Bildsprache spiegelt sich meine Einstellung zu mir selbst, den Personen um mich herum und der Welt.

Im Kapitel 9 finden Sie, den *Geschichten zum Denken* beigeordnet, einige Vorschläge für das kreative Gestalten in der Kindergruppe. Darüber hinaus sind Sie eingeladen, Ihren Kindern in der täglichen pädagogischen Arbeit den größtmöglichen kreativen Freiraum für den Ausdruck ihrer Gedanken zu gewähren.

9 | Geschichten zum Denken – 10 Vorschläge

Geschichten zum Denken. Vorschlag 1

Zwischenmenschliches

Florian und Tobias spielen in der Bauecke. Sie konstruieren zusammen einen Turm. Ziel ist es, diesen Turm so hoch wie möglich zu bauen. Immer abwechselnd legen die Jungen einen Stein über den nächsten. Einige Kinder schauen den beiden zu und staunen, wie stabil und „einsturzsicher" der Turm aussieht. Jetzt ist Tobias an der Reihe. Er nimmt einen großen, schweren Stein in die Hand. „Nein, den nicht", ruft Florian, „der ist viel zu groß!" „Ach Quatsch, das hält sowieso!", gibt Tobias zurück. Er legt den Stein auf den Turm, der polternd in sich zusammenfällt.

„Du bist nicht mehr mein Freund!", schreit Florian und wendet sich ab.

Zu bedenken

- Was macht Freundschaft aus?
- Woran erkennen wir, ob jemand unser Freund ist?
- Was kann ich tun, um Freunde zu gewinnen?

Zu gestalten

- Ein Bild zu dem Thema: Was wünsche ich mir von meinem besten Freund, meiner besten Freundin? / Was möchte ich für meinen besten Freund, meine beste Freundin tun?

Janne-Marike

Geschichten zum Denken. Vorschlag 2

Wenn ich schlafe

Niels, Anke und Johanna spielen „Vater, Mutter, Kind". Johanna ist das Kind und wird zu Bett gebracht. Als sie die Augen schließt und so tut, als schliefe sie, sagt Niels: „Woher weiß ich eigentlich, dass alle Sachen da bleiben, wo sie sind, auch wenn ich sie nicht sehen kann?"

„Nur wenn Einbrecher kommen, verschwinden sie", gibt Anke zu bedenken.

„Aber eine Sache ist komisch: Wenn ich die Augen zumache, kann ich die Sachen, die wirklich da sind, nicht sehen, aber die, die nicht da sind, schon. Die sehe ich nicht mit offenen Augen!"

„Was meinst du?", fragt Johanna neugierig.

„Ich meine die Sachen, die ich träume. Die gibt es in Wirklichkeit manchmal gar nicht!"

Zu bedenken

- Können wir wissen, ob wir träumen oder wach sind? Woran merken wir es?
- Was ist Traum, was ist Wirklichkeit?
- Jedes Kind erzählt einen Traum.

Zu gestalten

- Ein Bild zum Thema: So sah mein schönster Traum aus … – zum Beispiel mit folgenden Materialien: Buntstifte, Tuschfarben, Wolle, Krepppapier, Metallfolie, Kleister, Schere, Papier.

Geschichten zum Denken. Vorschlag 3

Eine Wohnung für Gott

Beate und Dennis haben in der Bibelstunde die Schöpfungsgeschichte kennen gelernt.

„Gott hat alles gemacht, den Himmel, die Erde, die Tiere und die Menschen. Auch unseren Kindergarten hat er bestimmt gemacht", sagt Beate.

„Ja, den Kindergarten für uns und unsere Wohnung für meine Mutter und mich, glaube ich", ergänzt Dennis. „Aber wo wohnt denn eigentlich Gott?"

Beate wird nachdenklich. „Mein Vater hat mir neulich erklärt, dass es oben im Himmel sehr kalt ist und die Flugzeuge Eis an den Tragflächen haben. Es kann also nicht sein, dass er da oben wohnt. Er würde ja auch herunterfallen, durch die Luft durch."

„Quatsch, Gott kann alles, er schwebt einfach."

„Das glaube ich nicht!"

Zu bedenken

▨ Welche Vorstellung von Gott haben die Kinder Ihrer Gruppe?
▨ Woran können wir erkennen, dass Gott uns nah ist und „bei uns wohnt"?
▨ Gespräche über die Hoffnung führen: Das Licht ist stärker als die Finsternis.
▨ Die Erfahrung der liebenden Zuwendung von Menschen als Deutung der Anwesenheit Gottes mitten unter uns deuten.

Zu gestalten

▨ „Lebensfülle"

Beispiel

Den Wechsel der Jahreszeiten mit ihrem Werden und Vergehen auf große Plakatwände malen. Mit Samen, getrockneten Sommerblumen und gepressten Blättern verzieren.

Geschichten zum Denken. Vorschlag 4

Das Schiff des Theseus

Dies ist eine berühmte Geschichte, die das Thema „Identität" behandelt.

Theseus segelte einst mit einem Schiff nach Kreta, um das Ungeheuer Minotaurus zu töten. Zum Dank sandten die Athener dieses Schiff jedes Jahr als Festzug auf die Insel Delos. Diese Tradition bestand über viele Jahrhunderte.

Zu bedenken

■ Ist das Schiff – nach vielen Reparaturarbeiten, bei denen auch immer wieder Teile des Schiffes ausgewechselt werden mussten – noch immer das „Schiff des Theseus"?

Zu gestalten

■ Ein Schiff aus Holz bauen und schwimmen lassen. Nach und nach Teile auswechseln. Dazwischen immer wieder damit spielen.

Yannick

76

Der alte Stein

Die mittelalterliche Kirche in unserer Stadt musste dringend restauriert werden. Sie brauchte nicht nur innen einen neuen Anstrich, sondern vor allem mussten Ziegelsteine des linken Turmes durch neue ersetzt werden. Als ich an einem sonnigen Spätsommertag an der Kirche entlangging, hatten die Arbeiter der Bauhütte bereits ihr Gerüst am Turm aufgebaut. Eine große Palette neuer Ziegel stand zur Verarbeitung bereit. Ich sah, wie einer der Arbeiter begann, alte Ziegelsteine mit dem Stechbeitel aus dem Mauerwerk zu lösen. Er warf sie in einen dafür aufgestellten Auffangkorb.

„Was passiert mit diesen alten Steinen?", fragte ich einen der Arbeiter, der damit beschäftigt war, neuen Mörtel zu mischen. „Keine Ahnung, nichts Besonderes. Die werden weggeschmissen. Sie sind porös geworden und halten nichts mehr."

„Darf ich einen der Steine haben?", fragte ich.

„Nehmen Sie sich einen raus, aber verheben Sie sich nicht!"

Also nahm ich einen der gebrannten Steine aus dem Korb.

„Eine Frage noch – sind dies die Originalsteine?"

„Die sind so alt wie die Kirche", bekam ich zur Antwort.

Voller Stolz und Freude ging ich mit meinem Schatz nach Hause.

Zu Hause angekommen, empfing mich schon meine Tochter an der Tür.

„Was hast du denn da mitgebracht?"

„Sieh mal, das ein Originalstein der Marienkirche! Er ist gut und gern sechshundert Jahre alt!"

„Wow! Guck mal, auf dem alten Mörtel ist noch ein Fingerabdruck. Der Mensch ist schon so lange tot, aber wir haben noch eine Spur von ihm!"

Es klingelte an der Tür. Zwei Mädchen aus der Nachbarschaft wollten meine Tochter zum Spielen abholen.

„Seht mal, meine Mutter hat diesen Stein von der Marienkirche mitgebracht. Auf dem Mörtel ist ein ganz alter Fingerabdruck!" „Tatsächlich", bemerkte eines der Mädchen, „und seitdem hat kein Mensch wieder so einen Fingerabdruck gehabt. Die sind nämlich einmalig." – Wirklich?

Janne-Marike

Zu bedenken

- Sprechen Sie mit den Kindern Ihrer Gruppe über die Unverwechselbarkeit und Einmaligkeit jedes Menschen.
- Dabei helfen gemeinsame Beobachtungen über Vorlieben, Gewohnheiten, Bewegungsmuster.

Zu gestalten

Beispiel 1

Material

Stempelkissen, weißes Papier

Die Kinder der Gruppe nehmen sich gegenseitig ihre Fingerabdrücke ab.
Die Kinder vergleichen ihre Fingerabdrücke und suchen nach Übereinstimmungen und Unterschieden.

Beispiel 2

Auf großen Bögen Papier (z.B. Tapetenrolle) fahren die Kinder gegenseitig mit Wachsmalkreide ihre Umrisse nach. Jedes Kind malt sich so aus, wie es sich selbst sieht.

Geschichten zum Denken. Vorschlag 6

Was ist hinter dem Himmel?

Lena, Robert und ihre Eltern sind in den Ferien ans Meer gefahren. Nachdem sie angekommen sind, haben sie die Koffer ins Hotel gebracht und die Sachen ausgepackt. Dann wollte Lena unbedingt an den Strand gehen. „Aber es ist doch dunkel draußen", sagte ihr Vater, „wir werden nicht viel vom Meer sehen können."

„Dann gucken wir eben die Sterne an", Robert hüpfte vor Freude.

Zu Hause hätte er um diese Zeit schon längst im Bett sein müssen. Alle vier machten sie sich auf den Weg zum Strand. Es war eine sternenklare Nacht. „Seht mal, dort ist der Große Wagen", erklärt Mutter und zeigt in den Nachthimmel.

„Und wenn man die Deichsel ungefähr fünfmal verlängert, dann kann man den Polarstern sehen. Dort ist Norden," ergänzt Vater.

„Was ist hinter dem Himmel?", fragt Lena.

„Wie meinst du das?"

Mutter und Vater schauen sich an.

„Na ja, hier hinter diesem Wasser kommt wieder Land, aber was kommt hinter den Sternen?"

„Wieder Sterne", wirft Robert ein.

„Und dahinter? Wo ist der Himmel zu Ende?"

Janne-Marike

Zu bedenken

▓ Menschen können nicht wissen, wie groß das Weltall ist und ob es etwas „dahinter" gibt. Aber im Laufe der Jahrhunderte haben sich schon eine ganze Menge Kenntnisse über den Weltraum angesammelt. Besuchen Sie mit Ihrer Gruppe eine Sternwarte. Allein der Blick durch ein Teleskop auf die Oberfläche eines Nachbarplaneten ist für Kinder und Erwachsene gleichermaßen faszinierend.

Geschichten zum Denken. Vorschlag 7

Kann die Uhr auch rückwärts gehen?

Ute ist sechs Jahre alt und kann schon die Uhr lesen. Stolz zeigt sie ihren Freundinnen in der Igel-Gruppe die neue Uhr, die sie zum Geburtstag von ihrer Großmutter bekommen hat. Die Uhr hat ein leuchtend rotes Armband und sogar einen Sekundenzeiger.

„Ich muss sie jeden Morgen stellen und aufziehen. Es ist eine Uhr ohne Batterie", berichtet Ute später im Morgenkreis, als alle Kinder die Uhr bestaunen möchten.

„Ich kann sie ja mal rumgeben, dann könnt ihr sie euch ganz genau ansehen. Aber sie darf nicht runterfallen, dann geht sie kaputt!"

Ute gibt die Uhr Malte, der neben ihr sitzt. Er betrachtet sie lange und aufmerksam.

„Die Zeiger gehen immer so rum", stellt er fest.

„Können die auch andersherum laufen?"

„Natürlich nicht, dann geht die Zeit ja rückwärts", meint Joachim, der auch schon eine Uhr besitzt.

Kann die Zeit rückwärts laufen? Was wäre, wenn es so wäre?

Zu bedenken

■ Betrachten Sie mit den Kindern Ihrer Gruppe Bilder aus früheren Zeiten, hören Sie gemeinsam alte Musik.

Zu gestalten

Beispiel 1

Die Kinder bitten ihre Eltern und Großeltern um Fotos aus deren Kindheit und Jugend und bringen eigene Babyfotos mit. Die Bilder werden in chronologischer Reihenfolge auf Tonpapierbögen geklebt. Worin unterscheiden sich die Generationen?

Beispiel 2

Bilder zum Thema: „Wie sehe ich aus, wenn ich alt bin?"

Beispiel 3

Bauen Sie im Sommer eine Sonnenuhr mit den Kindern.

Der Marienkäfer

Es ist ein warmer Junitag. Die Kindergartengruppe bevölkert den Spiel-platz der Kindertagesstätte. Mit Fahrrädern, Stelzen und Bobby-Cars umrunden Jungen und Mädchen mit rasender Geschwindigkeit einzelne Verkehrshütchen. Plötzlich macht Britt eine Vollbremsung.

„Spinnst du?", ruft Hanna wütend.

Aber Britt lässt sich nicht davon nicht beeindrucken. Ein kleiner Marienkäfer krabbelt durch das Verkehrsgedränge der Kinder. Niemand hat ihn gesehen, er könnte leicht überfahren oder zertreten werden. Britt lässt ihn auf ihren Zeigefinger krabbeln. Sie steigt vom Bobby-Car, stellt sich hin und streckt den Finger weit in die Luft. Der Marienkäfer spannt die Flügel auf und fliegt davon.

„Jetzt ist er sicher", sagt Britt zufrieden.

Tim-Torge

Zu bedenken

▨ Wie kann ich Leben schützen?
▨ Der Augenblick zählt!
▨ Gottes Schöpfung offenbart sich auch im kleinsten Lebewesen.

Geschichten zum Denken. Vorschlag 9

Muss man immer die Wahrheit sagen?

Es war ein kühler Wintertag. Ein kleines bisschen konnte man schon den Frühling erahnen. Krokusse, Schneeglöckchen und Winterlinge blühten schon, die Haselsträucher waren voller Lämmerchen.
„Was soll ich bloß machen?"
Lena sitzt ratlos am Mittagstisch.
„Worum geht es, kann ich dir vielleicht helfen?", bietet ihre Mutter an.
Lena schildert ihre Situation: „Heute will Kari mit mir in die Eishalle zum Schlittschuhlaufen gehen. Ihre Schwester und ihr Freund kommen auch mit. Gerade als ich gesagt habe, dass ich gern mitkommen würde, hat mich Friedi gefragt, ob wir heute im Park spielen wollen, weil dort schon die Blumen alle blühen und die Wiese so schön aussieht. Ich wusste gar nicht, was ich sagen sollte, Friedi ist doch meine allerbeste Freundin, und nun gehe ich einfach mit den anderen zum Schlittschuhlaufen. Das konnte ich ihr doch nicht sagen!" Muss man eigentlich immer die Wahrheit sagen?"

Janne-Marike

Geschichten zum Denken. Vorschlag 10

„Wechselwesen"

„Meine Lieblingstiere sind Hunde", stellt Ulf sehr überzeugend fest, als wir mit der Betrachtung eines Buches über Haustiere fertig sind.

„Manchmal stelle ich mir vor, ich wäre einer. Dann lauf ich auf allen Vieren durch die Wohnung, esse und trinke aus einem Napf wie ein Hund. Das geht aber nur, wenn Mama zum Einkaufen ist. Die Wohnung sieht ganz anders aus, wenn man so tief unten ist wie ein Hund. Ich versuche auch so zu denken wie ein Hund. Zum Beispiel, wenn im Treppenhaus Geräusche sind. Dann drehe ich auch den Kopf, um besser hören zu können, und schnuppere an der Haustür. Ich stelle mir vor, dass dann unser Nachbar von oben kommt. Der hat gerade eingekauft und eine dicke Wurst in der Tasche. Die ist dann für mich."

Zu bedenken

- Welches sind die Lieblingstiere der Kinder in der Gruppe?
- Wo leben diese Lieblingstiere?
- Können wir uns in die Welt der Tiere hineinversetzen?
- Was denken wohl die Tiere im Zoo?

Janne-Marike

Zu gestalten

- Tiere in ihrer natürlichen Umgebung darstellen
- Sich als sein Lieblingstier verkleiden
- Alle Kinder bewegen sich wie ihr Lieblingstier fort

10 | Stoff zum Weiterdenken – Materialien

Liebe Erzieherin, lieber Erzieher,

außer Ihnen und den Kindern Ihrer Gruppe haben sich auch viele Autorinnen und Autoren über die großen Fragen, die uns als Menschen beschäftigen, Gedanken gemacht. Häufig sind es dabei gerade Autoren, die für Kinder schreiben, die solche Fragen in ihren Büchern aufgreifen.

Die daraus entstandenen Texte sind oft philosophisch und phantasievoll zugleich, sie sind spannend und poetisch.

Die meisten der in dieses Buch aufgenommenen Geschichten und Gedichte werden Ihnen bekannt und vertraut sein. Ich habe sie hier für Sie zusammengestellt, um Ihnen – auf den Spuren großer Schriftsteller – weitere Impulse für Gespräche in der Kindergruppe anzubieten. Thematisch folgen sie den zehn „Geschichten zum Denken" aus Kapitel 9. Aber auch hier gilt es zu bedenken: Was sinnvoll und angemessen ist, hängt von Ihrer Gruppe ab, von den Entwicklungsthemen und Fragen der Kinder, von ihren Wünschen und Ideen. Und die kennt niemand besser als Sie.

Die Methode, philosophische Erkenntnis im Gespräch zu gewinnen, geht auf Platon zurück, der die Dialoge des Sokrates aufzeichnete. Wie ein solches sokratisches Gespräch sich entfaltet, zeigt der folgende Ausschnitt exemplarisch.

Unrecht tun – Unrecht leiden

POLOS: Als ob es dir, Sokrates, nicht lieber wäre tun zu können in der Polis, was dir beliebt, als es nicht zu können, und als ob du nicht beneiden würdest, wenn du siehst, dass jemand tötet, wen es ihm beliebt, oder den Besitz wegnimmt oder ins Gefängnis steckt!

SOKRATES: Meinst du: gerecht oder ungerecht?

POLOS: Ob er es so oder so tut, ist es nicht in beiden Fällen etwas Beneidenswertes?

SOKRATES: Still, rede nicht so, Polos!

POLOS: Warum denn?

SOKRATES: Weil man weder Leute, die nicht zu beneiden sind, noch unglückliche Menschen beneiden darf, sondern bemitleiden muss.

POLOS: Was denn? So scheint es dir um die Menschen zu stehen, von denen ich rede?

SOKRATES: Natürlich.

POLOS: Wer also tötet, wen es ihm beliebt, und ihn gerechterweise tötet, der scheint dir unglücklich zu sein und bemitleidenswert?

SOKRATES: Nein, das nicht, aber auch nicht beneidenswert.

POLOS: Hast du ihn nicht gerade als unglücklich bezeichnet?

SOKRATES: Denjenigen, mein Freund, der ungerecht tötet, und zudem noch als bemitleidenswert. Den, der gerechterweise tötet, als nicht beneidenswert.

POLOS: Bemitleidenswert und unglücklich ist doch wohl der, der zu Unrecht getötet wird?

SOKRATES: Weniger als der, der tötet, Polos, und weniger als der, der zu Recht getötet wird.

POLOS: Wie denn nur, Sokrates?

SOKRATES: So, wie Unrecht tun das größte aller Übel ist.

POLOS: Ist dies wirklich das größte? Ist nicht Unrecht zu leiden ein viel größeres Übel?

SOKRATES: Keinesfalls.

POLOS: Du wolltest also lieber Unrecht erleiden als Unrecht begehen?

SOKRATES: Lieber wollte ich keines von beiden. Wenn es aber notwendig sein sollte entweder Unrecht zu tun oder Unrecht zu erleiden, würde ich es vorziehen Unrecht zu erleiden statt Unrecht zu tun.

Platon, Werke. Übersetzung und Kommentar. Hrsg. von Ernst Heitsch und Carl Werner Müller. Göttingen 2004. Bd. VI 3, Gorgias, S. 36f.

Erich Kästner hat in sein unsterbliches Kinderbuch *Pünktchen und Anton* sechzehn „Nachdenkereien" eingefügt, die die Geschichte auf einer Meta-ebene kommentieren. Die achte Nachdenkerei handelt von der Freund-schaft. Sie kann für sich stehen – wenn Sie mögen, können Sie aber zuvor auch noch das zugehörige Kapitel *Herrn Bremser geht ein Licht auf* vor-lesen. Es berichtet davon, dass Pünktchen den Lehrer ihres Freundes Anton darüber aufklärt, warum dieser in letzter Zeit so unkonzentriert ist: Er muss arbeiten und kochen und putzen, weil seine Mutter schwer krank ist.

Von der Freundschaft

Ob ihr mir's nun glaubt oder nicht: ich beneide Pünktchen. Nicht oft hat man eine solche Gelegenheit wie sie hier, dem Freund nützlich zu sein. Und wie sel-ten kann man seinen Freundschaftsdienst so heimlich tun! Herr Bremser wird keinen Brief an Antons Mutter schreiben. Er wird den Jungen nicht mehr her-unterputzen. Anton wird erst staunen, dann wird er sich freuen, und Pünktchen wird sich heimlich die Hände reiben. Sie weiß ja, wie es dazu kam. Ohne sie wäre es schiefgegangen.

Aber Anton erfährt es nicht. Pünktchen braucht keinen Dank. Die Tat selber ist der Lohn. Alles andere würde die Freude eher verkleinern als vergrößern.

Ich wünsche jedem von euch einen guten Freund. Und ich wünsche jedem von euch die Gelegenheit zu Freundschaftsdiensten, die er jenem ohne sein Wissen erweist. Haltet euch dazu, zu erfahren, wie glücklich es macht, glücklich zu machen!

Erich Kästner, Pünktchen und Anton, Gesammelte Schriften 6,
© Atrium Verlag Zürich, S. 465.

Märchen sind Schlüssel zur Seele. Sie verarbeiten poetisch die guten und schlimmen Erfahrungen der Menschen. Sie sind grausam und heilen, sie sind wunderbar und unverständlich. Sie zeigen uns die Welt und lassen uns nachdenken.

Vom Fundevogel

Es war einmal ein Förster, der ging in den Wald auf die Jagd, und wie er in den Wald kam, hörte er schreien, als ob's ein kleines Kind wäre, und ging dem Schreien nach, so sah er endlich einen hohen Baum und oben darauf saß ein kleines Kind, unter dem Baum aber lag eine Frau, die schlief. Und als die Frau unter dem Baum eingeschlafen war, hatte ein Raubvogel das Kind in ihrem Schoß gesehen, flog hinzu, nahm es mit seinem Schnabel weg, und setzte es auf den hohen Baum.

Der Förster aber stieg hinauf, holte das Kind herunter und dachte: „Du willst das Kind mit nach Haus nehmen, und mit deinem Lehnchen zusammen aufziehen;" brachte es heim, und die zwei Kinder wuchsen so mit einander auf, das aber, das auf dem Baum gefunden worden war, und weil es ein Vogel weggetragen hatte, wurde *Fundevogel* geheißen. Fundevogel und Lehnchen hatten sich so lieb, nein so lieb, dass wenn eins das andere nicht sah, wurde es traurig.

Der Förster hatte aber eine alte Köchin, die nahm eines Abends zwei Eimer und fing an Wasser zu schleppen und ging nicht einmal, sondern vielmal hinaus an den Brunnen und Lehnchen sah es: „Hör einmal, alte Sanne, was trägst du denn so viel Wasser zu?" – wenn du's keinem Menschen sagen willst, so will ich dir's wohl sagen. Da sagte Lehnchen, nein, sie wollte es keinem Menschen wieder sagen, so sprach die Köchin: „Morgen früh, wenn der Förster auf die Jagd ist, da koche ich das Wasser, und wenn's in dem Kessel siedet, werf ich den Fundevogel 'nein, und will ihn darin kochen."

Und des andern Morgens in aller Frühe stieg der Förster auf und ging auf die Jagd, und als er weg war, lagen die Kinder noch im Bett, da sprach Lehnchen zum Fundevogel: „Verlässt du mich nicht, so verlass ich dich auch nicht!" so sprach der Fundevogel: nun und nimmermehr. Da sprach Lehnchen: „Ich will es dir nur sagen, die Sanne schleppte gestern Abends so viel Wasser ins Haus, so fragte ich sie, warum sie das täte, so sagte sie: wenn ich's keinem Menschen sagen wollte, so wollte sie es mir wohl sagen; so sprach ich: ich wollte es gewiss keinem Menschen sagen, da sagte sie, morgen früh, wenn der Vater auf die Jagd wäre, wollte sie den Kessel voll Wasser sieden, und dich hineinwerfen und kochen. Wir wollen aber geschwind aufsteigen, uns anziehen und zusammen fortgehen."

Also standen die beiden Kinder auf, zogen sich geschwind an und gingen fort. Wie nun das Wasser im Kessel kochte, ging die Köchin in die Schlafkammer und wollte Fundevogel holen, um ihn hinein zu werfen. Allein, als sie hinein kam, und zu den Betten trat, waren die Kinder alle beide fort, so wurde ihr grausam Angst und sprach vor sich: „Was will ich nun sagen, wenn der Förster heimkommt und sieht, dass die Kinder weg sind. Geschwind hintennach, dass wir sie wieder kriegen!"

Da schickte die Köchin drei Knechte nach, die sollten laufen und die Kinder einlangen. Die Kinder aber saßen vor dem Wald, und als sie die drei Knechte von weitem laufen sahen, sprach Lehnchen zum Fundevogel: „Verlässt du mich nicht, so verlass ich dich auch nicht!" So sprach Fundevogel: „Nun und nimmermehr!" Da sagte Lehnchen: „Werde du zum Rosenstöckchen und ich zum Röschen drauf!" Wie nun die drei Knechte vor den Wald kamen, so war nichts da, als ein Rosenstrauch und ein Röschen oben drauf, die Kinder aber nirgends, da sprachen sie: „Hier ist nichts zu machen", und gingen heim, und sagten vor die Köchin, sie hätten nichts in der Welt gesehen, als nur ein Rosenstöckchen, mit einem Röschen oben drauf. Da schalt die alte Köchin: „Ihr Einfaltspinsel, ihr hättet das Rosenstöckchen sollen entzwei schneiden und das Röschen abbrechen und mit nach Haus bringen, geschwind und tut's!" Sie mussten alle zum zweitenmal hinaus und suchen. Die Kinder aber sahen sie von weitem kommen, da sprach Lehnchen: „Fundevogel, verlässt du mich nicht, so verlass ich dich auch nicht!" Fundevogel sagte: „Nun und nimmermehr!" – „So werde du eine Kirche, und ich die Krone darin!" Wie nun die drei Knechte dahin kamen, war nichts da, als eine Kirche und eine Krone darin. Sie sprachen also zu einander: „Was sollen wir hier machen, lasst uns nach Hause gehen!" Wie sie nach Haus kamen, fragte die Köchin, ob sie nichts gefunden, so sagten sie nein, sie hätten nichts gefunden, wie eine Kirche, da wäre eine Krone darin gewesen. „Ihr Narren", schalt die Köchin, „warum habt ihr nicht die Kirche zerbrochen und die Krone mit heim gebracht?" Nun machte sich die alte Köchin selbst auf die Beine und ging mit den drei Knechten den Kindern nach. Die Kinder sahen aber die drei Knechte von weitem kommen und die Köchin wackelte hinten nach. Da sprach Lehnchen: „Fundevogel, verlässt du mich nicht, so verlass ich dich auch nicht." Da sprach der Fundevogel: „Nun und nimmermehr." So sprach Lehnchen: „Werde du zum Teich und ich die Ente drauf!" Die Köchin aber kam herzu und als sie den Teich sahe, legte sie sich drüber hin und wollte ihn aussaufen. Aber die Ente kam schnell geschwommen, fasste sie mit ihrem Schnabel beim Kopf und zog sie ins Wasser hinein, da musste die alte Hexe ertrinken. Da gingen die Kinder zusammen nach Haus, und waren herzlich froh, und wenn sie nicht gestorben sind, leben sie noch.

Kinder- und Hausmärchen. Gesammelt durch die Brüder Grimm. Nachdruck der zweibändigen Erstausgabe von 1812 und 1815, Göttingen 1986. Bd. 1, S. 229–233 (Rechtschreibung und Zeichensetzung angepasst).

Das doppelte Lottchen erzählt die Geschichte von zwei Zwillingsschwestern, die sich nicht kennen, weil sie getrennt voneinander bei Vater und Mutter aufwachsen. Der Textausschnitt erzählt, was Lotte träumt, als sie zum ersten Mal nach der Trennung wieder bei ihrem Vater ist.

Wie auf Kommando verwandelt sich der dunkle Wald in eine sonnige Wiese. Und auf der Wiese steht ein aus Konfektschachteln gebautes Haus. Mit einem Zaun aus Schokoladetafeln. Vögel zwitschern lustig, im Gras hüpfen Hasen aus Marzipan, und überall schimmert es von goldenen Nestern, in denen Ostereier liegen. Ein kleiner Vogel setzt sich aufs Bett und singt so hübsch Koloratur, daß sich Luise und Lotte, wenn auch zunächst nur bis zu den Nasenspitzen, unter ihrer Decke hervortrauen. Als sie nun die Wiese mit den Osterhasen, die Schokoladeneier und das Pralinenhaus sehen, klettern sie schnell aus dem Bett und laufen zum Zaun. Dort stehen sie nun in ihren langen Nachthemden und staunen. „Spezialmischung!" liest Luise laut vor. „Und Krokant! Und Nougatfüllung!" „Und bittere Sonderklasse!" ruft Lotte erfreut. (Denn sie ißt auch im Traum nicht gerne Süßes.) Luise bricht ein großes Stück Schokolade vom Zaun. „Mit Nuß!" meint sie begehrlich und will hineinbeißen.

Da ertönt Hexenlachen aus dem Haus. Die Kinder erschrecken! Luise wirft die Schokolade weit weg!

Und schon kommt Mutti mit einem großen Handwagen voller Brote über die Wiese gekeucht. „Halt, Kinder!" ruft sie angstvoll. „Es ist alles vergiftet!" „Wir hatten Hunger, Mutti." „Hier habt ihr Brot! Ich konnte nicht früher aus dem Verlag weg!" Sie umarmt ihre Kinder und will sie fortziehen. Doch da öffnet sich die Pralinentür. Der Vater erscheint mit einer großen Säge, wie Holzhauer sie haben, und ruft: „Lassen Sie die Kinder in Ruhe, Frau Körner!"

„Es sind *meine* Kinder, Herr Palfy!"

„Meine *auch*", schreit er zurück. Und während er sich nähert, erklärt er trocken: „Ich werde die Kinder halbieren! Mit der Säge! Ich kriege eine halbe Lotte und von Luise eine Hälfte, und Sie auch, Frau Körner!"

Die Zwillinge sind zitternd ins Bett gesprungen. Mutti stellt sich, mit ausgebreiteten Armen, schützend vor das Bett. „Niemals, Herr Palfy!"

Aber der Vater schiebt sie beiseite und beginnt, vom Kopfende her, das Bett durchzusägen. Die Säge kreischt so, daß man friert, und sägt das Bett Zentimeter auf Zentimeter der Länge nach durch.

„Laßt euch los!" befiehlt der Vater.

Die Säge kommt den ineinandergefalteten Geschwisterhänden immer näher, immer näher! Gleich ritzt sie die Haut! Mutti weint herzzerbrechend. Man hört die Hexe kichern.

Da endlich geben die Kinderhände nach.

Erich Kästner, Das doppelte Lottchen, Gesammelte Schriften 7,
© Atrium Verlag Zürich, S. 170f.

Das Lied *Guten Abend, gut' Nacht,* das heute zu den bekanntesten Schlaf-
liedern gehört, ist ursprünglich kein Volkslied, sondern wurde von Johannes
Brahms (1833–1897) im ‚Volkston‘ komponiert. Strophe 1 ist verzeichnet in
der Sammlung „Des Knaben Wunderhorn", Strophe 2 ist von Georg Scherer.

> Guten Abend, gut' Nacht
> Mit Rosen bedacht
> Mit Näglein besteckt
> Schlüpf unter die Deck!
> Morgen früh, wenn Gott will,
> wirst du wieder geweckt.
>
> Guten Abend, gut' Nacht
> Von Englein bewacht
> Die zeigen im Traum
> Dir Christkindleins Baum
> Schlaf nun selig und süß
> Schau im Traum's Paradies.

Musizierende Engel, Kloster Losch

Das Weihnachtslied *Ich steh an deiner Krippen hier* stammt aus der Feder des geistlichen Dichters Paul Gerhardt und des Komponisten J.S. Bach, der die Melodie zum Text verfasste.

Es gehört auch heute noch zu den beliebtesten Kirchenliedern für die Weihnachtszeit.

Ich steh an deiner Krippen hier
o Jesu, du mein Leben
Ich komme, bring und schenke dir
was du mir hast gegeben
Nimm hin, es ist mein Geist und Sinn
Herz, Seel, Mut, Geist, nimm alles hin
und laß dir's wohl gefallen.

Da ich noch nicht geboren war
Da bist du mir geboren
und hast mich dir zu eigen gar
eh ich dich kannt, erkoren
Eh ich durch deine Hand gemacht
da hast du schon bei dir bedacht
wie du mein wolltest werden.

Das Buch des Autors ‚Fynn‘, *Anna schreibt an Mister Gott,* erzählt von einem kleinen, aufgeweckten Mädchen, das mit Gott lange Gespräche führt und sogar Briefe an ihn schreibt. Sie macht sich zum Beispiel Gedanken, wie Gott denn wohl aussehen könnte oder wo er wohnt...

Die Erwachsenen wollen immer, daß Du aussiehst wie ein alter Mann mit Bart und Runzeln und so. Die wollen nicht, daß Du auch wie ein kleines Mädchen oder ein Reh aussehen kannst. Aber Mister Gott, Dir is doch egal, was die Leute über Dich sagen, oder? Du siehst eben mal so und mal so aus. Toll, wenn man sich das so aussuchen kann. Aber deshalb bist du ja Mister Gott. Ich stell mir vor, das ist wie mit der Holzkiste, wo Fynn seine Eisenbahn drin ist, die ist doch auch mal ein Bahnhof und mal ein Tunnel und mal ein Auto oder ein Schiff, wie's mir gerade paßt. Und so wie mit der Kiste is das bei Dir auch, Mister Gott. Mal bist Du dies und mal bist Du das. Du bist eben alles zusammen und alles auf einmal. Und wenn Dich jemand grün sieht, dann bist Du eben grün, aber für jemand anders biste vielleicht rot. Und beides bist Du. Oder Du bist groß und auch klein, oder dick und wieder auch dünn. Das ist wie mit den Schneeflocken. Jede ist gleich und doch ein bißchen verschieden, und alle zusammen sind eben Schnee. Und so ist es auch mit dir, meine ich. Man kann einfach nicht sagen, Du siehst so aus oder so, weil du eben gar nicht aussiehst. Ich finde, am besten gibt man dir kein Aussehen und sagt nur einfach Mister Gott...

Lieber Mister Gott!
Heut schreib ich Dir, was ich zu Fynn gesagt hab über Dich, aber der hat gesagt, schreib's ihm doch selbst. Ich glaub, der hat Angst, daß du böse wirst, und er will keinen Ärger mit dir. Auch nicht mit dem Pfarrer. Also: Furchtbar gern geh ich nicht in die Kirche, hab ich zu Fynn gesagt. Woher weißt du denn, ob Mister Gott da drin ist? Er *kann* drin sein, aber er muß nicht. Nur wenn wir ihn mit reinnehmen, dann ist er bestimmt drin. Ich würd ja an Mister Gott seine Stelle von allein auch nicht kommen. Ich würd immer warten, daß mich die Leute mitnehmen. Er ist ja auch gar nicht schwer, weil im Herz drin, da ist er so leicht wie eine Feder. Hab ich zu Fynn gesagt. Findest du das schlimm?
    Ich geh auch nicht gern in Kirche, weil die Leute da so traurige Lieder singen. Die machen aus dir einen, der immer schimpft, wie so ein Rechenlehrer, wenn man die Schulaufgaben nicht gemacht hat. Und dabei bist Du doch sehr lustig, find ich, und ganz riesig nett.
    Ich finde, Fynn, der sieht ein bißchen wie Du aus. Aber natürlich nur wie Du in winzig klein, weil du doch hundertmal so groß und noch hundertmal netter und stärker bist. Dafür, wie riesengroß du bist, da gibt es ja gar keine Zahl. Die Leute sagen, Du bist sowas wie ein König.

Lewis Carroll (eigentlich: Charles Lutwidge Dodgson, 1832 – 1898) schrieb die Geschichten auf, die er seiner Kinderfreundin Alice Liddell erzählte. Aus ihnen entstand das weltberühmte Buch *Alice im Wunderland.* Das kleine Mädchen Alice gerät im Traum in eine seltsame Gegend, in der ihr viele verschiedene Märchenwesen begegnen. Sie tragen Gedichte vor, tanzen Quadrille, spielen Krocket und veranstalten absurde Gerichtsverhandlungen. Außerdem verändert alles, was man im Wunderland ißt oder trinkt, die Körpergröße ganz erheblich. Alice hat in einem großen Saal einen Kuchen mit der Aufschrift „Iss mich!" gefunden und sich das nicht zweimal sagen lassen. Jetzt ist sie über zwei Meter siebzig groß und findet das sehr unheimlich.

„Mein Gott, mein Gott, wie komisch heute alles ist. Gestern war noch alles wie gewöhnlich. Habe ich mich über Nacht verändert? Ich will nachdenken. War ich dieselbe, als ich heute morgen aufstand? Ich glaube fast, ich kann mich erinnern, dass ich mich ein bisschen anders gefühlt habe. Wenn ich aber nicht dieselbe bin, wer bin ich dann? Das ist die große Frage." Und sie fing an, sich alle ihre Altersgenossinnen vorzustellen und darüber nachzudenken, in welche sie wohl verwandelt worden sei. „Ada bin ich sicher nicht", sagte sie, „denn ihr Haar ringelt sich in lauter Locken, und meines ringelt sich nicht; und ich bin sicher, dass ich nicht Mabel bin, denn ich weiß alles Mögliche und sie weiß so wenig! Und dann ist sie eben sie, und ich bin ich. Und – ach Gott! Wie merkwürdig das alles ist! Ich will einmal probieren, ob ich noch alles weiß, was ich gelernt habe. Also: vier mal fünf ist zwölf, und vier mal sechs ist dreizehn, und vier mal sieben ist – ach Gott! Auf diese Weise werde ich niemals bis zwanzig kommen. Aber das Einmaleins beweist nichts. Ich will's mit Geografie probieren. London ist die Hauptstadt von Paris, und Paris ist die Hauptstadt von Rom, und Rom – nein, das ist wieder ganz falsch, ich muss in Mabel verwandelt worden sein! Ich will einmal versuchen, das ‚Einst war ich klein, jetzt bin ich groß' aufzusagen." Und sie faltete die Hände im Schoß, wie sie es beim Gedichtaufsagen zu tun pflegte, und fing an. Aber ihre Stimme klang heiser und fremd, und es kamen nicht dieselben Worte heraus wie sonst. –

„Das waren nicht die richtigen Worte", sagte die arme Alice, und ihre Augen füllten sich wieder mit Tränen. „Ich muss wirklich Mabel sein, und nun werde ich in diesem hässlichen kleinen Haus wohnen und fast gar kein Spielzeug haben und so viel lernen müssen! Nein, wenn ich Mabel bin, dann will ich hier unten bleiben. Wenn sie auch noch so lange die Köpfe herunterstecken und sagen: ‚Komm wieder herauf', werde ich nur hinaufschauen und sagen ‚Wer bin ich? Sagt mir das zuerst. Wenn ich dann gern sein will, wer ich bin, komme ich hinauf. Wenn nicht, bleibe ich hier, bis ich jemand anders bin.'"

Alice muss an diesem Tag noch einige Male die Größe wechseln! Gerade hat sie einige kleine Kuchen gegessen und reicht nun kaum an den Pilz heran, neben dem sie steht. Als sie über seinen Rand blickt, trifft sie eine Raupe, die Wasserpfeife raucht.

Die Raupe und Alice schauten einander einige Zeit lang schweigend an. Schließlich nahm die Raupe die Pfeife aus dem Mund und begann, mit schläfriger Stimme zu sprechen. „Wer bist du?" Das war kein sehr ermutigender Beginn für eine Unterhaltung. Alice antwortete ziemlich schüchtern: „Ich weiß es im Augenblick wirklich kaum – aber ich weiß noch, wer ich war, als ich heute früh aufstand. Nur glaube ich, dass ich seitdem mehrere Male jemand anderer geworden bin." „Was meinst du damit?", sagte die Raupe streng. „Erkläre dich näher." „Ich kann mich leider nicht erklären", sagte Alice, „weil ich nicht ich selber bin, wissen Sie?" „Ich weiß nichts", sagte die Raupe. „Ich kann es nicht deutlicher sagen", antwortete Alice sehr höflich, „denn erstens verstehe ich es selbst nicht, und dann bringt es einen sehr in Verwirrung, wenn man an einem einzigen Tag so oft die Größe wechselt." „Gar nicht", sagte die Raupe. „Sie vielleicht nicht", sagte Alice. „Aber wenn Sie sich einmal in eine Puppe verwandeln – eines Tages werden Sie das tun, wie Sie wissen – und dann in einen Schmetterling, dann wird es Ihnen doch ein bisschen sonderbar vorkommen. Nicht wahr?"

„Nicht im Geringsten", sagte die Raupe. „Nun, vielleicht empfinden Sie es anders", sagte Alice, „aber jedenfalls würde es mir sonderbar vorkommen." „Dir", sagte die Raupe verächtlich. „Wer bist du?"

Lewis Carroll: Alice im Wunderland. Illustriert von Lisbeth Zwerger. © 1999 Michael Neugebauer Verlag, S. 36 und S. 14-16 (gekürzt).

John Tenniel: Illustration zu „Alice in Wonderland" 1865

Die Geschwister Michael und Jane haben ein Kindermädchen, wie es kein zweites gibt: Mary Poppins. Pamela L. Travers beschreibt in den vier Bänden ihrer *Mary Poppins*-Reihe ihre märchenhaften Abenteuer.

Jane, Michael und Mary Poppins gehen nach dem Einkaufen durch den Park nach Hause. Dort treffen sie auf eine alte Frau, die Luftballons verkauft, und bald merken sie und andere Spaziergänger, dass es sich nicht um gewöhnliche Ballons handelt…

Sie sprangen auf das Brett zu und begannen, die farbigen Ballonhüllen um und um zu wühlen. Die Ballonfrau ließ die Silbermünze in ihre Schürzentasche gleiten. „So, mein Silberfüchslein!" sagte sie, und klopfte liebevoll auf die Tasche. Dann half sie den Kindern beim Herumwühlen. „Vorsichtig, meine Täubchen!" mahnte sie. „Denkt daran, es gibt verschiedene Ballons und für jeden nur einen! Trefft eure Wahl und laßt euch Zeit dabei. So manches Kind hat den falschen Ballon erwischt, und sein Leben war von da ab verpfuscht." „Ich möchte den hier!" sagte Michael, der einen gelben mit roten Tupfen ausgesucht hatte. „Schön, dann will ich ihn dir aufblasen, und du kannst sehen, ob es der richtige ist!" sagte die Ballonfrau. Sie nahm ihm den Ballon aus der Hand und blies ihn mit einem einzigen, mächtigen Atemstoß auf. Zip! Da war er! Kaum war es zu glauben, daß eine winzige Person so viel Atem im Leibe hatte. Der gelbe Ballon mit den roten Punkten bäumte sich am Ende der Schnur. „Na so was!" sagte Michael und sperrte den Mund auf. „Da steht ja mein Name drauf." Die roten Punkte bildeten Buchstaben, die insgesamt die beiden Worte ‚Michael Banks' ergaben. „Aha!" kicherte das Ballonweiblein. „Was hab ich dir gesagt? Du hast dir Zeit gelassen und den richtigen gewählt!" „Sieh nach, wie es bei mir ist", sagte Jane und reichte der alten Frau eine schlaffe, blaue Ballonhülle. Sie holte Luft und blies sie auf; da stand quer über der dicken blauen Kugel in großen weißen Buchstaben: ‚Jane Caroline Banks.' „Heißt du so, mein Täubchen?" fragte die Ballonfrau. Jane nickte. –

„Aber" sagte Jane, „das verstehe ich nicht. Woher wußtest du denn das? Du hast uns doch noch nie gesehen." „Ach, mein Täubchen, sagte ich dir nicht, daß es vielerlei Arten Ballons gibt und daß diese hier etwas ganz Besonderes sind?" „Aber hast *du* die Namen darauf gesetzt?" fragte Michael. „Ich?" Das alte Weiblein kicherte. „Wie käm ich dazu?" „Wer denn sonst?" „Das darfst du mich nicht fragen, mein Täubchen! Alles, was ich weiß, ist, daß sie dastehen! Und daß es für jeden in der Welt einen Ballon gibt, vorausgesetzt, daß er den richtigen wählt!"

Pamela L. Travers: Mary Poppins kommt wieder. Berlin 1975. © 1943 by P.L. Travers, S. 160f. (gekürzt).

Eines Abends hat Mary Poppins Ausgang – und ein kleiner Stern, der ins Kinderzimmer huscht, zeigt den Kindern, wo sie ihren freien Abend verbringt. Die Kinder steigen in den Himmel hinauf und landen im Zirkus der Sternbilder, die sich mit Liedern vorstellen...

Der Löwe

Ich bin der Löwe, Leo – Löwe.
Der schöne, noble Leo-Löwe.
Blick auf zu mir: in kalter Nacht
Halt ich am Fuß Orions Wacht
Weit leuchtend, schimmernd, gleißend und
Das schönste Bild am Himmelsrund!

Der Große und der Kleine Bär

Der Brummbär und der Quiekebär,
Das sind wir! Ach wie schön es wär',
Wenn einer eine Wabe hätt';
Die steckten wir uns unters Bett
Und leckten uns am Honig fett.

Pamela L. Travers: Mary Poppins kommt wieder. Berlin 1975. © 1943 by P.L. Travers, S. 137-138, S. 141f.

Eines Tages gehen die Kinder mit Mary Poppins einkaufen. In einem geheimnisvollen Süßwarengeschäft treffen sie auf die uralte Mistress Corry und ihre zwei riesengroßen, melancholischen Töchter Miß Annie und Miß Fannie. Hier kaufen die Kinder Pfefferkuchen mit aufgeklebten Goldpapiersternen. In der Nacht verschwindet Mary Poppins und Jane und Michael sehen vom Fenster aus etwas Unglaubliches:

Jane und Michael sahen, wie alle vier den Kirschbaumweg hinuntergingen, sich dann ein wenig nach links wandten und den Hügel hinaufstiegen. Oben, wo es keine Häuser mehr gab, nur noch Gras und Klee, blieben sie stehen. Miß Annie setzte ihren Eimer mit Leim ab. Miß Fannie ließ die Leitern von der Schulter gleiten und richtete sie auf, bis sie beide sicher standen. Dann hielt sie die eine und Miß Annie die andere Leiter ganz fest. „Was, um Himmels willen, haben sie vor?" fragte Michael gähnend. Aber Jane antwortete ihm nicht, und er sah nun selber, was geschah.

Sobald Miß Fannie und Miß Annie die Leitern so aufgestellt hatten, daß sie mit dem einen Ende fest auf der Erde standen, während sie mit dem anderen am Himmel zu lehnen schienen, raffte Mistreß Corry ihre Röcke zusammen, nahm den Eimer mit Leim in die eine Hand und ergriff mit der andern den Malerpinsel. Dann setzte sie ihren Fuß auf die unterste Leitersprosse und begann hinaufzusteigen. Mary Poppins, den Korb in der Hand, stieg die zweite Leiter hinauf.

Und jetzt bekamen Jane und Michael etwas höchst Merkwürdiges zu sehen. Sobald Mistreß Corry an der Spitze ihrer Leiter angelangt war, tunkte sie ihren Pinsel in den Leim und schwappte das klebrige Zeug an den Himmel. Kaum war das geschehen, da nahm Mary Poppins etwas Leuchtendes aus ihrem Korb und tupfte es an den Leim. Als sie ihre Hand wegzog, sahen die Kinder, daß sie Pfefferkuchensterne an den Himmel klebte. Jeder Stern fing gleich an zu funkeln und sandte blitzende, goldene Strahlen aus.

„Das sind doch unsere Sterne!" sagte Michael atemlos. „Unsere Sterne. Sie glaubte, wir schliefen, und kam herein und hat sie geholt."

Doch Jane blieb stumm. Sie sah zu, wie Mistreß Corry den Leim an den Himmel schwappte, Mary Poppins die Sterne daranklebte und Miß Fannie und Miß Annie die Leitern weiterrückten, sobald wieder eine Lücke am Himmel ausgefüllt werden sollte.

Schließlich war alles vorbei. Mary Poppins schüttelte ihren Korb aus und zeigte Mistreß Corry, daß er leer war. Dann kletterten sie die Leitern herunter, und die Prozession kam wieder den Hügel herab: Miß Fannie die Leitern geschultert, Miß Annie mit dem leeren Eimer rasselnd.

An der Ecke blieben sie alle einen Augenblick stehen und schwatzten, dann schüttelte Mary Poppins allen die Hand und eilte wieder nach Haus. Mistreß Corry tanzte leichtfüßig in ihren Zugstiefelchen davon und hielt die Röcke zierlich mit den Händen gerafft. So verschwand sie in der entgegengesetzten Richtung, und ihre riesigen Töchter stapften geräuschvoll hinter ihr drein.

Vincent van Gogh: Nuit etoilée sur la Rhone 1888

„Aber wieso denn? Warum denn?" Michael setzte sich auf den Rand seines Bettes und starrte Jane verwundert an.

Jane gab keine Antwort. Die Arme um die Knie geschlungen, setzte sie sich neben ihn und dachte und dachte. Schließlich schüttelte sie das Haar zurück, streckte sich und stand auf. Dann meinte sie: „Was ich unbedingt wissen möchte, ist: sind nun die Sterne aus Goldpapier oder ist das Goldpapier aus Sternen gemacht?"

Es kam keine Antwort und sie erwartete auch keine. Sie wußte, daß nur jemand viel Gescheiteres als Michael ihr die richtige Antwort geben könnte.

Pamela L. Travers: Mary Poppins.. Wien o.J. © 1943 by P.L. Travers, S. 102-104 (gekürzt).

Der von Wilhelm Hey 1837 für Kinder verfasste Text *Weißt du, wieviel Stern-lein stehen* ist zu einem bis heute beliebten Kinder- und Kirchenlied geworden.

Weißt du, wieviel Sternlein stehen
an dem blauen Himmelszelt?
Weißt du, wieviel Wolken gehen
weithin über alle Welt?
Gott der Herr hat sie gezählet,
daß ihm auch nicht eines fehlet
an der ganzen großen Zahl.

Weißt du wieviel Kinder frühe
stehn aus ihrem Bettlein auf,
daß sie ohne Sorg und Mühe
fröhlich sind im Tageslauf?
Gott im Himmel hat an allen
seine Lust, sein Wohlgefallen
kennt auch dich und hat dich lieb.

Das arme Mädchen

Es war einmal ein armes, kleines Mädchen, dem war Vater und Mutter gestorben, es hatte kein Haus mehr, in dem es wohnen, und kein Bett mehr, in dem es schlafen konnte, und nichts mehr auf der Welt als die Kleider, die es auf dem Leib trug, und ein Stücklein Brot in der Hand, das ihm ein Mitleidiger geschenkt hatte; es war aber gar fromm und gut. Da ging es hinaus, und unterwegs begegnete ihm ein armer Mann, der bat es so sehr um etwas zu essen, da gab es ihm das Stück Brot; dann ging es weiter, da kam ein Kind, und sagte: „Es friert mich so an meinem Kopf, schenk mir doch etwas, das ich darum binde", da tät es seine Mütze ab und gab sie dem Kind. Und als es noch ein bisschen gegangen war, da kam wieder ein Kind, und hatte kein Leibchen an, da gab es ihm seins; und noch weiter, da bat eins um ein Röcklein, das gab es auch von sich hin, endlich kam es in den Wald, und es war schon dunkel geworden, da kam noch eins und bat um ein Hemdlein, und das fromme Mädchen dachte: Es ist dunkele Nacht, da kannst du wohl dein Hemd weggeben, und gab es hin. Da fielen auf einmal die Sterne vom Himmel und waren lauter harte, blanke Taler, und ob es gleich sein Hemdlein weggeben, hatte es doch eins an, aber vom allerfeinsten Linnen, da sammelte es sich die Taler hinein und ward reich für sein Lebtag.

Kinder- und Hausmärchen. Gesammelt durch die Brüder Grimm. Nachdruck der zweibändigen Erstausgabe von 1812 und 1815, Göttingen 1986. Bd. 1, S. 382–383. (Rechtschreibung und Zeichensetzung angepasst.)

Momo erzählt „Die seltsame Geschichte von den Zeit-Dieben und von dem Kind, das den Menschen die gestohlene Zeit zurückbrachte". In der Geschichte wird viel über die Zeit und ihre Bedeutung für den Menschen nachgedacht.

Es gibt ein großes und doch ganz alltägliches Geheimnis. Alle Menschen haben daran teil, jeder kennt es, aber die wenigsten denken je darüber nach. Die meisten Leute nehmen es einfach so hin und wundern sich kein bißchen darüber. Dieses Geheimnis ist die Zeit. Es gibt Kalender und Uhren um sie zu messen, aber das will wenig besagen, denn jeder weiß, daß einem eine einzige Stunde wie eine Ewigkeit vorkommen kann, mitunter kann sie aber auch wie ein Augenblick vergehen – je nachdem, was man in dieser Stunde erlebt. Denn Zeit ist Leben. Und das Leben wohnt im Herzen.

Meister Hora stellt Momo das Rätsel von den drei Brüdern Zukunft, Vergangenheit und Gegenwart.

Drei Brüder wohnen in einem Haus,
die sehen wahrhaftig verschieden aus,
doch willst du sie unterscheiden,
gleicht jeder den anderen beiden.
Der erste ist *nicht* da, er kommt erst nach Haus.
Der zweite ist *nicht* da, er ging schon hinaus.
Nur der dritte ist da, der Kleinste der drei,
denn ohne ihn gäb's nicht die anderen zwei.
Und doch gibt's den dritten, um den es sich handelt,
nur weil sich der erst' in den zweiten verwandelt.
Denn willst du ihn anschaun, so siehst du nur wieder
Immer einen der anderen Brüder!
Nun sage mir: Sind die drei vielleicht einer?
Oder sind es nur zwei? Oder ist es gar – keiner?
Und kannst du, mein Kind, ihre Namen mir nennen,
so wirst du drei mächtige Herrscher erkennen.
Sie regieren gemeinsam ein großes Reich –
Und sind es auch selbst! Darin sind sie gleich.

Lösung: drei Brüder: Vergangenheit, Gegenwart, Zukunft;
das Haus: die Welt; ihr Reich: die Zeit.

Michael Ende, MOMO © by Thienemann Verlag (Thienemann Verlag GmbH), Stuttgart – Wien.

Auf ihrem Weg durch das Wunderland begegnet Alice mitten im Wald einer Teegesellschaft, die es in sich hat: Ein Hutmacher und ein Märzhase trinken unaufhörlich Tee und es ist nicht immer leicht, ihren Tischgesprächen zu folgen. Eines von ihnen dreht sich um die Zeit.

„Wenn Sie Zeit so gut kennen würden wie ich, würden Sie nicht davon sprechen, *sie* zu verschwenden. Sie ist nämlich ein *Er*." „Ich weiß nicht, was Sie meinen", gab Alice zurück. „Natürlich nicht", meinte der Hutmacher und warf den Kopf verächtlich zurück. „Ich vermute, Sie haben noch nie mit ihm gesprochen!" „Das wohl nicht", antwortete Alice vorsichtig, „aber ich muß oft genug beim Lernen die Zeit totschlagen." „Dann begreife ich alles", sagte der Hutmacher, „schlagen läßt er sich nicht gern. Wenn man ihn aber gut behandelt, stellt er was immer Sie wollen mit der Uhr an. Stellen Sie sich zum Beispiel vor, es ist neun Uhr früh, gerade die Stunde, zu der man in die Schule gehen soll, dann braucht man ihm nur ein Wort zu flüstern, und schon schlägt die Uhr viel schneller! Halb eins – Mittagszeit!" „Wenn es nur so wäre", flüsterte der März-Hase sehnsüchtig. „Das wäre wirklich großartig", sagte Alice nachdenklich, „aber dann hätte ich noch keinen Hunger." „Zuerst vielleicht nicht", sagte der Hutmacher, „aber es könnte bei Ihnen halb eins bleiben, solange Sie wollen." „Machen Sie es so?", fragte Alice. Der Hutmacher schüttelte traurig den Kopf. „Ich nicht", gab er zurück. „Wir haben im vergangenen März gestritten – kurz bevor *er* verrückt geworden ist, wissen Sie (er deutete mit seinem Teelöffel auf den März-Hasen), es war bei dem großen Konzert, das die Herzkönigin gab. Damals musste ich singen:

> *Weißt du, wie viel Vöglein stehen*
> *An dem blauen Himmelszelt?*

Dieses Lied kennen Sie vielleicht?" „Ich habe ein ähnliches gehört", sagte Alice. „So geht es weiter", fuhr der Hutmacher fort:

> *Weißt du, wie viel Schäfchen gehen*
> *Auf dem Teebrett durch die Welt?"*

Hier schüttelte sich die Haselmaus und fing an, im Schlaf zu singen: „Weißt du, wie viel? Weißt du, wie viel?", und sie sang so lange fort, dass man sie kneifen musste, damit sie aufhöre. „Nun, ich hatte kaum die erste Strophe fertig gesungen", sagte der Hutmacher, „als die Königin aufsprang und ausrief: ‚Er schlägt ja nur Zeit tot.'" „Wie entsetzlich!", rief Alice aus. „Und seitdem, fuhr der Hutmacher traurig fort, „tut er nichts mehr, worum ich ihn bitte. Bei mir ist es jetzt immer sechs Uhr."

Lewis Carroll: Alice im Wunderland. Illustriert von Lisbeth Zwerger. © 1999 Michael Neugebauer Verlag, S. 57.

Oscar Wildes Märchen, deren erster Band 1888 erschien, sind für ihre Poesie und sprachliche Schönheit berühmt. *Das Sternenkind* handelt von einem Jungen, der als ‚Stern‘ vom Himmel fällt und bei einem Holzfäller aufgezogen wird. Seine große Schönheit wird von allen bewundert, aber sie hat für ihn und seine Mitgeschöpfe schlimme Folgen.

Doch seine Schönheit verdarb ihn. Denn er wurde hoffärtig und grausam und eigensüchtig. Die Kinder des Holzfällers und die anderen Kinder im Dorf verachtete er und sagte von ihnen, sie seien niederer Herkunft, während er hochgeboren sei, da er von einem Stern abstamme, und er machte sich zum Herrn über sie und nannte sie seine Diener. Kein Mitleid hatte er mit den Armen oder mit solchen, die blind oder verkrüppelt oder auf andere Weise leidend waren, sondern warf Steine nach ihnen und jagte sie hinaus auf die Straße und hieß sie ihr Brot anderswo erbetteln, so daß niemand außer den Geächteten zweimal in das Dorf kam, Almosen zu erbitten. Wahrlich, er war wie einer, der in die Schönheit verliebt ist, und pflegte über die Schwachen und Mißgestalten zu spotten, und im Sommer, wenn die Winde sanft waren, lag er an dem Quell im Obstgarten des Priesters und blickte nieder auf das Wunder seines Antlitzes und lachte vor Freude, die ihm seine Schönheit bereitete.

Oft schalten ihn der Holzfäller und sein Weib und sagten: „Wir handelten an dir nicht so, wie du an denen handelst, die trostlos sind und niemanden haben, der ihnen beisteht. Warum bist du so grausam gegen alle, die Mitleid brauchen?“ Oft schickte der alte Priester nach ihm und versuchte, ihn die Liebe zu allen lebenden Geschöpfen zu lehren, und sprach zu ihm: „Die Fliege ist dein Bruder. Tu ihr nichts zuleide. Die wilden Vögel, die durch den Wald schwärmen, haben ihre Freiheit. Fange sie nicht zu deinem Vergnügen mit der Schlinge. Gott hat die Blindschleiche und den Maulwurf erschaffen, und ein jedes hat seinen Platz. Wer bist du, daß du Leid in Gottes Welt bringst? Selbst das Vieh auf dem Feld preiset Ihn.“

Doch das Sternenkind achtete ihrer Worte nicht, sondern blickte finster und höhnte und ging zurück zu seinen Gefährten und führte sie an. Und seine Gefährten folgten ihm, denn er war schön und leichtfüßig und konnte tanzen und pfeifen und musizieren. Und wohin auch das Sternenkind sie führte, dahin folgten sie ihm, und was er sie auch tun hieß, das taten sie. Und wenn er mit einem scharfen Rohr dem Maulwurf die trüben Augen durchbohrte, dann lachten sie, und wenn er nach dem Aussätzigen mit Steinen warf, lachten sie gleichfalls. Und in allen Dingen beherrschte er sie, und sie wurden so hartherzig wie er.

Oscar Wilde: Sämtliche Werke in zehn Bänden. Hrsg. von Norbert Kohl. Frankfurt/M. 1982. Bd. 2: Erzählungen und Märchen, S. 136f.

Knabe mit erkältetem Käfer

Auf meiner linken Schulter sitzt
ein Käfer, rot mit schwarzen Tupfen.
Er ist vom Fliegen ganz erhitzt,
nun kriegt er sicher einen Schnupfen.
Ich nehm ihn in die Hand und renn
mit ihm nach Haus über die Wiesen.
Er muß sofort ins Warme, denn
ich höre ihn bereits schon niesen.

Heinz Erhardt, Satierliches. Hannover 1980.
© Fackelträger-Verlag Schmidt-Küster GmbH,
S. 23.

Erich Kästners *Pünktchen und Anton* hat auch eines der Vorworte, die Kästner liebte. Hier macht er sich einige Gedanken über die Wahrheit von Geschichten.

Muß man immer die Wahrheit sagen?

Wenn ein kleiner Junge ein Stück Holz unterm Ofen vorholt und zu dem Holz „Hü!" sagt, dann ist es ein Pferd, ein richtiges, lebendiges Pferd. Und wenn der große Bruder sich kopfschüttelnd das Holz betrachtet und zu dem kleinen Jungen sagt: „Das ist ja gar kein Pferd, sondern du bist ein Esel", so ändert das nicht das geringste daran. Und mit meiner Zeitungsnotiz war es ähnlich. Die anderen Leute dachten: Na ja, das ist eben eine Notiz von zwanzig Zeilen. Ich aber murmelte „Hokuspokus!" und da war's ein Buch.

Ich erzähle euch das aus einem ganz bestimmten Grunde. Man wird, wenn man Geschichten schreibt, sehr oft gefragt: „He Sie, ist das, was Sie geschrieben haben, auch wirklich passiert?" Besonders die Kinder wollen das immer genau wissen. Da steht man dann da mit seinem dicken Kopf und zieht sich am Spitzbart. Manches in den Geschichten ist natürlich wirklich passiert, aber alles? Man ist doch nicht immer mit dem Notizblock hinter den Leuten hergesaust, um haarklein nachzustenographieren, was sie geredet und getan haben! Oder man wußte noch gar nicht, als ihnen dies oder jenes zustieß, daß man jemals darüber schreiben würde! Ist doch klar, nicht?

Nun stellen sich aber viel Leser, große und kleine, breitbeinig hin und erklären: „Sehr geehrter Herr, wenn das, was Sie da zusammengeschrieben haben, nicht passiert ist, dann läßt es uns eiskalt." Und da möchte ich antworten: Ob wirklich passiert oder nicht, ist egal. Hauptsache, daß die Geschichte wahr ist! Wahr ist eine Geschichte dann, wenn sie genau so, wie sie berichtet wird, wirklich hätte passieren können.

Erich Kästner, Pünktchen und Anton, Gesammelte Schriften 6, © Atrium Verlag Zürich, S. 415f.

Wie ein Tier im Käfig sich fühlt, erleben die Bewohner des Kirschbaumwegs, als sie sich mit Mary Poppins nachts im Zoo wiederfinden. Die Welt steht auf dem Kopf: Tiere sprechen und laufen frei umher, während die Menschen sich das Leben im Zoo von der anderen Seite beschauen...

Vollmond

„Ein strahlend heller Vollmond leuchtete am Himmel. Bei seinem Schein untersuchte Michael das eiserne Gitter und schaute durch die Stäbe. Natürlich! Wie dumm von ihm, daß er es nicht gemerkt hatte! Sie waren am Zoo. „Aber wie kommen wir hinein?" fragte er. „Wir haben doch kein Geld."

„Schon gut!" kam eine tiefe, brummige Stimme von drinnen. „Besondere Besucher haben heute nacht freien Eintritt. Dreht bitte das Rad!"

Jane und Michael taten es und schon waren sie drin. „Hier ist eure Eintrittskarte!" sagte die brummige Stimme, und als sie aufschauten, sahen sie einen großen Braunbären. Er trug einen Rock mit Messingknöpfen und auf dem Kopf eine Schirmmütze. In seiner Tatze hatte er zwei rosa Karten, die er den Kindern hinhielt.

„Wir geben doch sonst die Karten ab", sagte Jane. „Sonst gilt, was man sonst tut. Heute nacht behaltet ihr sie", sagte der Bär lächelnd. Michael hatte ihn recht genau betrachtet. „Dich kenne ich", sagte er zu dem Bären. „Dir hab ich einmal eine Büchse mit goldgelbem Sirup gegeben." „Das stimmt", sagte der Bär. „Aber du hattest vergessen, den Deckel herunterzugeben. Weißt du, daß ich zehn Tage meine liebe Not mit dem Deckel hatte? Paß künftig besser auf!"

„Aber warum bist du nicht in deinem Käfig? Bist du nachts immer draußen?" fragte Michael. „Nein – nur wenn der Geburtstag auf den Vollmond fällt. Aber ihr müßt mich entschuldigen, ich muß auf das Tor achtgeben." Und der Bär wandte sich um und machte sich am Drehkreuz zu schaffen. Jane und Michael gingen, die Billetts in der Hand, in den Zoo hinein.

Nicht weit von ihnen schlenderten nebeneinander drei Kamele einher, und dort wanderten ein Biber und ein amerikanischer Geier, tief ins Gespräch versunken.

Vor dem Elefantenkäfig ging auf allen vieren ein großer, sehr dicker alter Herr. Auf seinem Rücken waren hintereinander zwei schmale Sitzpolster festgeschnallt, auf denen sich acht Affen schaukelten. „Hier ist ja alles auf den Kopf gestellt!" rief Jane. Der alte Herr warf ihr im Vorbeigehen einen ärgerlichen Blick zu. „Auf den Kopf gestellt!" schnaufte er. „Ich? Auf den Kopf gestellt? Ganz gewiß nicht. So eine Frechheit!" Die acht Affen lachten ungezogen. „O bitte, ich hab nicht Sie gemeint, sondern – das alles hier", wollte Jane erklären und lief ihm nach, um sich zu entschuldigen. „An gewöhnlichen Tagen reiten die Menschen auf den Tieren, und hier ist es umgekehrt. Das meinte ich." Aber der alte Herr blieb dabei, es sei eine Frechheit, und setzte, mühsam nach Luft schnappend, mit den kreischenden Affen auf dem Rücken, seinen Weg fort. Jane sah, es hatte keinen Zweck, ihm zu folgen. So nahm sie Michael an der Hand und ging weiter. Da wurden sie plötzlich durch eine Stimme erschreckt, die sie dicht vor ihren Füßen anrief: „Kommt her, ihr beiden! Kommt her! Will mal sehen, ob ihr nach ein paar Orangenschalen taucht, die ihr gar nicht haben wollt!" Es war eine verbitterte, böse Stimme, sie kam von einem kleinen, schwarzen Seehund, der aus dem mondbeschienenen Wasser eines Tümpels nach ihnen schielte. „Kommt nur her und seht, ob ihr das möchtet!" rief er. „Aber – wir können ja gar nicht schwimmen", sagte Michael. „Das ist gleich, das hättet ihr vorher bedenken sollen! Niemand denkt daran, ob ich schwimmen kann oder nicht."

Theodor Kalide, Der wachende Löwe, 1.H. 19. Jh.

Die Kinder treffen den Löwen, der seine Mähne sorgfältig in Locken gelegt hat, um als König der Tiere einen guten Eindruck zu machen. Er führt sie zu einer weiteren Attraktion: Der Menschenfütterung!

In einem Käfig wandelten, in Zylinderhut und gestreifter Hose, zwei große Herren mittleren Alters auf und ab und starrten ängstlich durchs Gitter, als ob sie auf etwas warteten. In einem anderen Käfig krabbelten, vom Baby im Tragkleid an, Kinder aller Art und Größe herum. Die Tiere draußen beobachteten sie mit großer Neugier, und einige von ihnen versuchten, die Kleinen zum Lachen zu bringen, indem sie ihre Pfoten oder ihre Schwänze durch die Gitterstäbe steckten. Eine Giraffe reckte ihren langen Hals über die Köpfe der anderen Tiere hinweg und ließ ihre Nase von einem kleinen Jungen kitzeln. In einem dritten Käfig saßen drei ältere Damen in Regenmänteln und Galoschen gefangen. Eine von ihnen strickte, aber die beiden anderen standen dicht beim Gitter, schrien die Tiere an und stießen mit ihren Regenschirmen nach ihnen. „Widerliches Viehzeug! Macht, daß ihr fortkommt! Ich möchte endlich meinen Tee haben!" schrie die eine. „Ist die aber komisch!" sagten ein paar von den Tieren und lachten laut über sie.

Pamela L. Travers: Mary Poppins. Wien o.J. © 1943 by P.L. Travers, S. 119–123 (gekürzt).

Ein Brief aus Hagenbeck

An Frau
Coco, geb. Cucu, verw. Fips
Urwald
Wenn man reinkommt: 3. Baum links,
4. Astwerk – Afrika –
Papa, Mama und liebe Geschwister!
Erinnert ihr Euch noch an den Mister,
der mich, als ich fröhlich am Aste hing,
fing? –
Das war ein Ding!
Der steckte mich einfach in einen Kasten!
Da saß ich nun drin und mußte fasten!
Dann flog und fuhr ich lange Wege – – –
und nun wohn ich hier im Freigehege.
Wir zu sechst. Sind ganz verträglich,
bis auf den einen, der ist unmöglich!

Der kratzt sich immer am Arm, am Kiefer –
wahrscheinlich hat er Ungeziefer!
Ich hatte neulich 'nen Schnupfen gekriegt!
Ob das an diesem Eisbärn liegt
da drüben?
Ihr Lieben!
Das Essen ist hier reichlich und schmeckt!
Auch kommt kein Raubtier,
das einen erschreckt!
Doch grauenhaft ist an jedem Tage
die *Menschenplage!*
Da strömen sie dann in rauhen Mengen
und gucken und schieben und stoßen
und drängen!
Und wenn ich auch ganz ruhig sitze,
sie lachen bloß und machen Witze
Und reden nichts wie dummes Zeuch! –
Und wie geht's Euch?
Euer Schimpi

Heinz Erhardt, Satierliches. Hannover 1980.
© Fackelträger-Verlag Schmidt-Küster GmbH,
S. 130 / 131.

Daß die meisten Dinge auf Erden die Eigenschaft haben, sich in irgend etwas anderes zu verwandeln, war für Anna ein großes Problem. Aus Kaulquappen wurden Frösche, aus Raupen Schmetterlinge, aus Babys alte Leute und aus einem Reh Staub. „Jedes Ding muß ein Aussehen haben, um drin zu wohnen", konstatierte Anna. Ich hätte ihr natürlich das Wort „Metamorphose" erklären können, aber ich tat es nicht. Wenn ein Ding sein Aussehen veränderte, so geschah das, weil Mister Gott für das Ding eben eine andere Aufgabe hatte, fand Anna heraus. Schmetterling werden, statt immer Raupe zu bleiben, war eine schöne neue Aufgabe und deshalb ganz leicht. Dagegen war am Leben sein und dann auf einmal tot sein eine ganz schwere Aufgabe. Das wollte Anna denn doch nicht so ohne weiteres hinnehmen. Da wollte sie von Mister Gott noch Genaueres wissen, bevor sie bereit war, sich mit dieser „Änderung von mein Aussehen" abzufinden.

Fynn, Anna schreibt an Mister Gott. Neues von Anna über Gott und den Lauf der Welt.
© Scherz Verlag Bern, München, Wien 1986, S. 25. Alle Rechte vorbehalten. S. Fischer Verlag GmbH, Frankfurt am Main.

Zu guter Letzt

„Kommt, lasst uns unsern Kindern leben!" Der große Pädagoge Friedrich Fröbel war es, der diesen Aufruf vor rund 175 Jahren an die damalige Gesellschaft richtete. Dieser Appell zur aktiven Hinwendung zu unseren Kindern hat nichts von seiner Gültigkeit und Aktualität verloren.

Die Förderung der kindlichen Individualität, die maximale Freisetzung des kindlichen Intellekts sowie seiner Kreativität als Schöpferkraft sind heute so unabdingbar wie zu Fröbels Zeiten.

In der postmodernen Gesellschaft mit ihren Brüchen, Patchwork-Biographien und einem harten Verteilungskampf scheint es erschreckend normal geworden zu sein, wenig Zeit füreinander zu haben, sowohl in der Familie als auch im Kindergarten oder in der Schule. Die geforderte hohe Mobilität und Flexibilität des Einzelnen verlegt die Freizeit vieler Menschen auf die Straße, in ihr Auto, wo sie allein, getrennt von der Familie und ohne Kommunikation, so gut es geht, dem nächsten Stau zu entgehen versuchen, um wenigstens ein halbes Stündchen mit ihren Kindern verbringen zu können, bevor diese ins Bett gebracht werden. Die Wahrnehmung des Anderen schmilzt auf das Notwendigste zusammen. Manchmal bleibt gerade so viel, die völlige Entfremdung zu verhindern.

Das aber ist nie und nimmer genug.

„Kommt, lasst uns unsern Kindern leben!" – Versuchen wir, unsere Tage zu entschleunigen, legen wir unsere Ressource „Zeit" Gewinn bringend an, wie es im Börsianer-Deutsch vielleicht heißen würde. Sprechen wir mit unseren Kindern. Hören wir ihnen zu. Schätzen wir ihre Gedanken wert. Für eine humane und friedliche Welt des gemeinsamen Miteinanders. Philosophieren wir mit unseren Kindern.

Kinder glauben praktisch

Praxisnahe Arbeitsbücher zur christlichen Elementarerziehung in Kindergarten, Vor- und Grundschule, Gemeinde und Familie. Alle Bände mit zahlreichen vierfarbigen Abbildungen.

1: Caroline Platteau / Marianne Riecke
Ich hüpf über die Schwelle
2003. 128 Seiten, kartoniert
ISBN 3-525-61531-0

2: Antje Maurer
Hör mal, Gott!
Mit Glück und Angst zu Gott kommen
2003. 128 Seiten, kartoniert
ISBN 3-525-61530-2

3: Werner Milstein / Kadia Oedekoven
Kommt, wir feiern!
Mit neuen Ideen gemeinsam feiern
2003. 128 Seiten, kartoniert
ISBN 3-525-61530-2

4: Jürgen Melchert / Susanne Lamkemeier
Du und ich, lieber Gott
Beten mit Kindern
2003. 104 Seiten, kartoniert
ISBN 3-525-61532-9

5: Antje Maurer
Ich hör dich, Jesus!
Wunder und Gleichnisse für Kinder
2004. 127 Seiten, kartoniert
ISBN 3-525-61535-3

6: Barbara Gleitz
Erde, Himmel, Gott und ich
Philosophieren mit Kindern
2004. 112 Seiten, kartoniert
ISBN 3-525-61536-1

7: Werner Milstein / Kadia Oedekoven
Und wie geht es Jakob?
Menschen der Bibel begegnen
2004. Ca. 128 Seiten, kartoniert
ISBN 3-525-61537-X

8: Angelika Hüffell / Thomas Hirsch-Hüffell
Gott macht aus Nichts eine Welt
Schöpfungstage mit Kindern erleben
2004. Ca. 128 Seiten, kartoniert
ISBN 3-525-61538-8

Rolf Krenzer / Robert Haas
Kommt, wir feiern!
Mit 16 Kinderliedern durch das Jahr
2003. Musik-CD mit 16 Liedern und 20 Seiten Booklet
ISBN 3-525-61534-5

16 neue Lieder zum Feiern im Kirchenjahr und im Kindergartenjahr.

V&R
Vandenhoeck & Ruprecht